TOPP

ISBN 3-7724-5350-3 · Best.-Nr. 350

4. Auflage 1992

frech-verlag
GmbH + Co. Druck KG Stuttgart

Satz: Hahn, Kornwestheim
Druck: Frech, Stuttgart 31

Fritz Robert

IC-Gags
für Spionage und Anti-Terror

Frech-Verlag Stuttgart

Hinweis zur Beschaffung der Bauelemente

Der Verfasser hat sich bemüht, für die Schaltungen nur solche Bauteile zu verwenden, die leicht erhältlich sind.

Bei einigen Schaltungen ließ es sich jedoch nicht umgehen, auf Spezialbauteile zurückzugreifen. Dabei hat der Verfasser jeweils Bezugsquellen angegeben, bei denen diese Spezialbauteile erhältlich sind.

Sollte das eine oder andere Bauelement wider Erwarten weder dort noch bei Ihrem Elektronik-Fachgeschäft erhältlich sein, so bitten Sie Ihren Fachhändler, dies zum Beispiel bei der Großhandels-Firma Dietrich Schuricht, Richtweg 30, Postfach 1017 29, 2800 Bremen 1, zu beschaffen. Firma Schuricht hat ein sehr umfangreiches Lieferprogramm, auch an Halbleiter-Bauelementen, beliefert aber als Großhandels-Firma nur gewerbliche Abnehmer. Der Hobby-Elektroniker kann daher nur über ein Einzelhandels-Fachgeschäft dort einkaufen.

Unsere Veröffentlichungen von Schaltungen und Verfahren erfolgen ohne Rücksicht auf bestehende Patente, da sie für Lehrzwecke bestimmt sind. Eine gewerbliche Nutzung ist ausdrücklich untersagt.

Trotz sorgfältiger Überprüfung aller Schaltungen und Angaben durch Verfasser und Verlag lassen sich Fehler nie ganz vermeiden. Der Verlag kann deshalb weder eine Garantie für Fehlerlosigkeit noch die juristische Verantwortung oder irgendeine Haftung übernehmen.

Anfragen, die im Zusammenhang mit diesem Buch stehen, richten Sie bitte an den Frech-Verlag. Der Autor dieses Buches wird sie dann beantworten.

Verfasser und Verlag sind für Hinweise auf Fehler sowie für Verbesserungs- oder Ergänzungsvorschläge dankbar.

Weiterhin müssen bei allen Geräten die VDE-Vorschriften genau beachtet werden.

Auch die Bestimmungen der Post dürfen nicht verletzt werden, da dies strafbar ist.

Der Verfasser dieses Buches dankt hiermit folgenden Firmen, die zum Gelingen dieses Buches beigetragen haben: Fa. Siemens, Fa. Philips, Fa. AEG-Telefunken, Fa. Rim-Elektronik, Fa. Völkner-Elektronik, Ehapa-Verlag, Fa. Intersil, Fa. Hamlin, Fa. Globotronik, Fa. Ginsbury-Elektronik und Fa. Windhager. Der Ehapa-Verlag gestattete die Verwendung des „M.d.T." für die Schaltungen 3 und 4.

Inhalt

Schaltung 1

Antiterror-Zweistrahl-(Infrarot)-Lichtschranke

Mit Hilfe einer Lichtschranke lassen sich Personen oder Gegenstände registrieren, die die Lichtschranke durchqueren. Mit Hilfe zweier Lichtschranken kann man außerdem registrieren, *in welcher Richtung* Personen oder Gegenstände die Lichtschranke durchquert haben (Bild 1). Dadurch kann man zum Beispiel feststellen, wieviele Leute sich gerade in einem Raum aufhalten.

Diese Schaltung kann aber auch zu vielen anderen Zwecken eingesetzt werden. So kann man zum Beispiel im Freigelände Personen registrieren, die sich einem Wochenendhaus nähern. Ebenso ermöglicht diese Zweistrahl-Lichtschranke die automatische Ankündigung eines Besuchers per Glocke. Beim Fortgehen eines Besuchers öffnet sich dann automatisch das Gartentor, da nun die Lichtschranken in der umgekehrten Richtung durchschritten werden. Wenn die beiden Lichtschranken bei Miniatur-Eisenbahnanlagen eingesetzt werden, kann man z. B. registrieren, ob Gleise mit einem Zug besetzt sind oder nicht. Auch Zug-Auffahrunfälle bei Modelleisenbahnen können verhindert werden. Eine vollautomatische Raumbeleuchtung ermöglicht diese Schaltung ebenfalls. In diesem Fall werden die Lichtschranken entweder in oder hinter einem Türrahmen montiert. Beim Verlassen des Raumes verlischt die Raumbeleuchtung. Auch bei der Haus- oder Wohnungstüre kann die Schaltung angebracht werden. Eine „Besetzt"- oder „Frei"-Anzeige für Umkleidekabinen läßt sich mit der Zweistrahl-Lichtschranke ebenfalls realisieren. Durch eine rote und eine grüne Kontrollleuchte kann damit jeder sofort von außen erkennen, ob diese Umkleidekabine besetzt oder frei ist. Speziell bei Durchgehkabinen bewährt sich diese Schaltung besonders gut. Selbst der Anschluß von zwei getrennten digitalen Zählwerken über die Ausgänge $V/\overline{V}$ und $W/\overline{W}$ (Bild 2) oder der Anschluß eines digitalen Zählwerks über die Ausgänge $X/\overline{X}$ ist möglich. Dadurch kann man Personen, die in die Kabine eintreten und solche, die die Kabine verlassen, getrennt registrieren. Ein an die Ausgänge $X/\overline{X}$ angeschlossenes digitales Zählwerk registriert die Anzahl der Durchschreitungen aus Richtung A und aus Richtung B. Bisher veröffentlichte Schaltungen dieser Art lieferten oft Fehlinformationen, wenn eine Person zwischen den Lichtschranken ihre Richtung änderte. Die hier vorgestellte Zweistrahl-Lichtschranke registriert und reagiert erst, wenn folgende Bedingungen erfüllt sind: Eine Person kommt z. B. aus Richtung A, durchschreitet die zum Fototransistor FT1 gehörende Lichtschranke, dann unterbricht sie auch noch die zum Fototransistor FT 2 gehörende Lichtschranke, darauf verdeckt sie nur noch die zum FT 2 gehörende Lichtschranke. Nachdem sie die Lichtschranke mit dem FT 2 passiert hat, wird sie von der Schaltung als „hineingehende Person" registriert, die LED D1 leuchtet kurz auf, die LED D3 beginnt zu leuchten und das Relais RL1 zieht an. Die Relaiskontakte des RL1

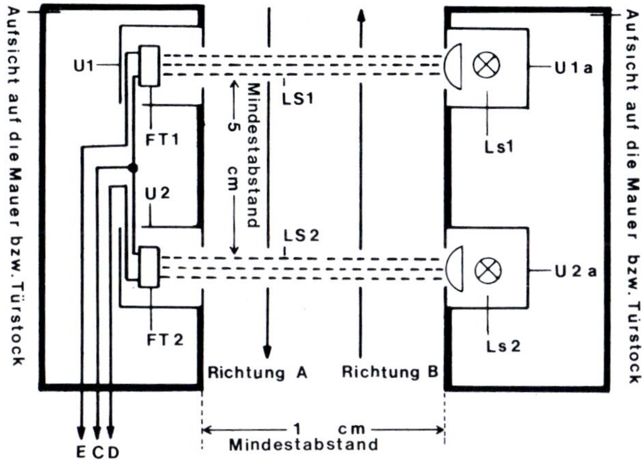

Bild 1: Anordnungsbeispiel der Lichtschranken (LS1 und LS2).

schalten von K1-K1a auf K1–K1b (im Schaltplan nicht eingezeichnet) um. – Wenn eine Person aus Richtung B kommt, durchschreitet sie zuerst die zum Fototransistor FT2 gehörende Lichtschranke, dann unterbricht sie auch noch die zum Fototransistor FT1 gehörende Lichtschranke. Nachdem sie die Lichtschranke des FT1 passiert hat, wird sie von der Schaltung als „hinausgehende Person registriert, die LED D2 leuchtet kurz (abhängig von der Kapazität des Kondensators C1) auf, die LED D4 beginnt zu leuchten, und das Relais RL2 zieht an. Die Relaiskontakte des RL2 schalten von K2–K2a auf K2–K2b (im Schaltplan nicht eingezeichnet) um. Gleichzeitig fällt RL1 ab. Es kann also immer nur ein Relais angezogen sein. Die Relais registrieren die Richtung, in der die Lichtschranke zuletzt passiert worden ist. Wenn RL1 angezogen ist, hat jemand zuletzt die Lichtschranken aus Richtung A kommend passiert. Wenn RL2 angezogen ist, hat eine Person zuletzt die Lichtschranken aus Richtung B kommend durchschritten. Die LED D3 leuchtet, solange RL1 angezogen ist, und die LED D4 leuchtet, solange RL2 angezogen bleibt. Die Leuchtdiode D1 leuchtet kurz auf, wenn jemand aus Richtung A kommend die Lichtschranken passiert hat. Hat jemand aus Richtung B kommend die Lichtschranken durchschritten, so leuchtet die Leuchtdiode D2 kurz auf.

Die Ausgänge $R/\overline{R}$ ermöglichen das automatische Rücksetzen eines digitalen Zählers, wenn das Gerät neu eingeschaltet wird. Nach dem ersten Durchschreiten aus Richtung A oder aus Richtung B ändert sich der Zustand von $R/\overline{R}$. Allgemein soll gesagt werden, daß die Kapazität des Kondensators C1 sehr klein gewählt oder daß der Kondensator C1 besser gar nicht eingesetzt werden sollte, wenn an die Anschlüsse $V/\overline{V}$, $W/\overline{W}$, $X/\overline{X}$, $R/\overline{R}$ ein digitales Zähl-

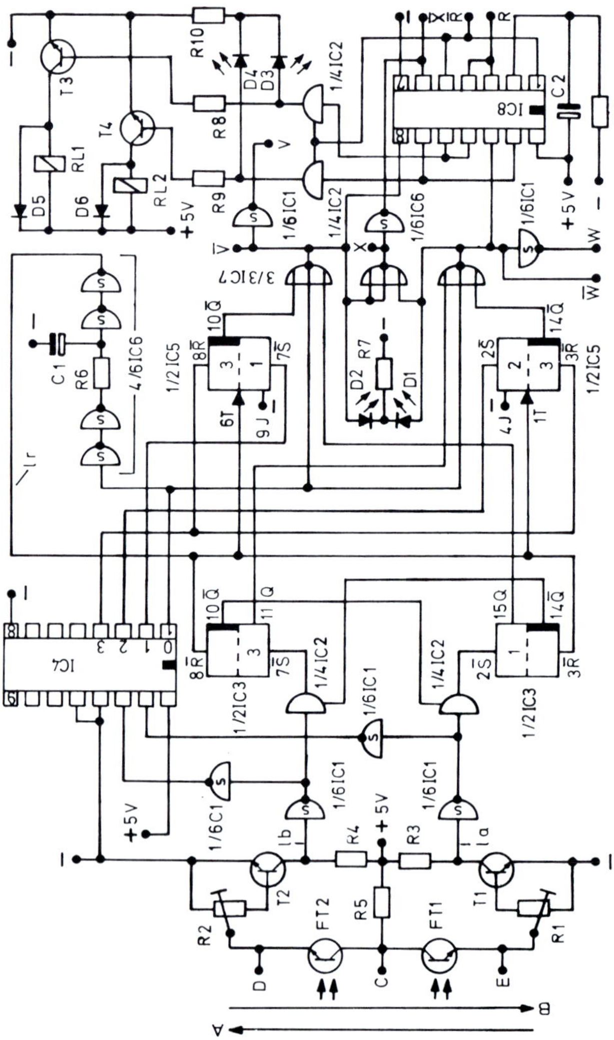

Bild 2: Zweistrahl-Lichtschranke.

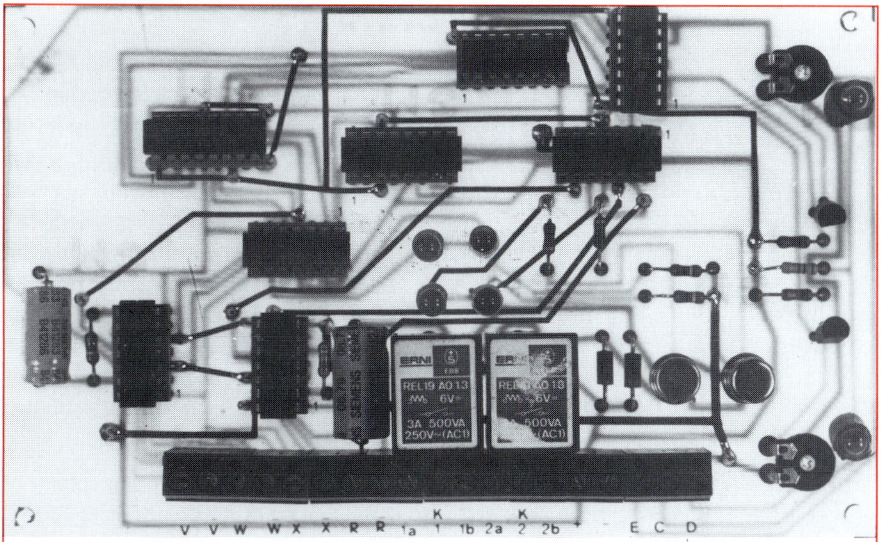

Bild 3: Antiterror-Zweistrahl-(Infrarot)Lichtschranke.

werk angeschlossen wird, damit nicht Störimpulse das Zählergebnis der digitalen Zähler verfälschen. Allerdings würden ohne den Kondensator C1 die LEDs D1 und D2 nur noch so kurz aufleuchten, daß es das menschliche Auge nicht mehr wahrnehmen kann. An der Funktion der Schaltung ändert sich darüber hinaus nichts.
Weiters kann diese Zweistrahl-Lichtschranke auch in Haustordurchfahrten zum Registrieren von Kraftfahrzeugen eingesetzt werden. Zu diesem Zweck muß man die Lichtsender, die bei beiden Fototransistoren FT1 und FT2 beleuchten, und die Fototransistoren selbst, in einer Distanz von ca. 2 m voneinander anordnen. Die Auswerteelektronik sorgt dann bei entsprechender Einstellung dafür, daß nur noch Gegenstände registriert werden, die länger als 2 m sind, also z.B. Autos. Der Abstand der beiden Lichtsender kann selbstverständlich noch wesentlich größer gewählt werden, wenn noch größere oder längere Gegenstände registriert werden wollen. Natürlich müssen dann die Zuleitungen zu den Fototransistoren über die Anschlüsse E, C, D herausgeführt werden. Andererseits sei auch darauf hingewiesen, daß die minimale Distanz der beiden Lichtschranken bei geringen Geschwindigkeiten ca. 3 m betragen kann.

Die Größe der Gegenstände, die mit Hilfe dieser Anlage registriert werden sollen, bestimmt den Abstand beider Lichtschranken voneinander. Ferner soll auch darauf hingewiesen werden, daß diese Zweistrahl-Lichtschranke auch in Warenhäusern, Liften oder in Supermärkten u. a. eingesetzt werden kann. Sicherlich gibt es noch viele weitere Verwendungszwecke.

Die Auswerteelektronik der (Infrarot)-Zweistrahl-Lichtschranke

Sobald man die Schaltung (Bild 2) an stabilisierte 5-V-Gleichspannung anschließt, gibt der Kondensator C 2 an Pin 2 des IC 8 einen kurzen positiven Impuls ab. Dadurch kippen die beiden RS-Flip-Flop geschalteten NOR-Glieder, so daß an dem Ausgang $\overline{R}$ Low-Potential liegt. Die Kontrolleingänge des IC 2 werden damit ebenfalls auf Low-Potential (L-Potential) gelegt, und die Ausgänge des IC 2, die zu den Widerständen R 8 und R 9 führen, werden hochohmig. Das bewirkt, daß nach dem Einschalten der Schaltung weder RL 1 noch RL 2 anzieht, da die Basis von T 3 und T 4 stromlos bleibt. Auch die vier LEDs D 1 bis D 4 können erst leuchten, wenn jemand zum erstenmal, nachdem die Schaltung in Betrieb genommen worden ist, aus Richtung A oder aus Richtung B kommend, die Lichtschranken durchbrochen hat. Dies bewirkt, daß keine Fehlinformationen nach dem Einschalten der Anlage auftreten können.

Sobald nun jemand aus Richtung A kommend zuerst den Fototransistor FT 1 verdunkelt, sperrt FT 1, und über R 3 und die Leitung la gelangt ein H-Signal über den Inverter-Trigger-IC 1 und das untere Glied des IC 2 zu Pin 2$\overline{S}$ des IC 3, der dadurch umkippt und über Pin 14$\overline{Q}$ den Eingang des oberen Gliedes des IC 2 sperrt. Gleichzeitig wird Pin 15 des IC 4 auf H-Potential gelegt, was zur Folge hat, daß Pin 2 des IC 4 auf L-Potential springt. Auch Pin 7$\overline{S}$ bekommt damit L-Potential. Der Ausgang 10$\overline{Q}$ des IC 5 wechselt von H- auf L-Potential. Wenn nun die betreffende Person auch noch den Fototransistor FT 2 abdunkelt (nun sind FT 1 und FT 2 abgedunkelt) gelangt über R 4, die Leitung lb und die beiden oberen Trigger-Inverter-Glieder von IC 1 ein H-Signal zu Pin 14 des IC 4, Pin 2 geht auf H-Potential, Pin 4 des IC 4 kippt auf L-Potential, Pin 8$\overline{R}$ und Pin 3$\overline{R}$ des IC 5 erhalten L-Potential, und die Ausgänge des IC 5 kehren wieder in ihre Ausgangsposition zurück. Sobald nun die betreffende Person weiter in Richtung A geht, wird der Fototransistor FT 1 wieder beleuchtet werden, während der Fototransistor FT 2 noch vedunkelt ist. Dadurch liegt dann an Pin 15 des IC 4 L-Potential und an Pin 14 H-Potential. Dies hat zur Folge, daß Pin 3 des IC 4 nun auf L-Potential springt, während die anderen Pins 1, 2, 4 auf H-Potential liegen. Pin 2$\overline{S}$ des IC 5 fällt nun auf L-Potential, das RS-Flip-Flop des IC 5 kippt um, und Pin 14$\overline{Q}$ des IC 5 springt auf L-Potential. Nun sind schon zwei Eingänge des untersten NOR-Gliedes des IC 7 auf L-Potential. Sobald nun die betreffende Person in Richtung A weitergeht, wird auch der Fototransistor FT 2 wieder beleuchtet, und Pin 14 des IC 4 bekommt H-Potential zugeführt. Dadurch kippt Pin 1 des IC 4 auf L-Potential, der dritte Eingang des untersten NOR-Gliedes des IC 7 bekommt L-Potential zugeführt, der Ausgang dieses NOR-Gliedes schaltet dadurch auf H-Potential, und die LED D 1 leuchtet so lange auf, bis über die vier Trigger-Inverter, den Widerstand R 6 und den Kondensator C 1 der Rücksetzvorgang aller RS-Flip-Flops des IC 3 und des IC 5 über die Leitung lr beendet ist.

Je größer die Kapazität von C 1 gewählt wird (siehe Stückliste!), desto länger leuchtet D 1 auf. Gleichzeitig mit dem Aufleuchten von D 1 liegt am Ausgang $\overline{W}$ ein H-Potential und am Ausgang W ein L-Potential. Sobald nun die LED D 1 aufleuchtet, gelangt nun auch an Pin 12 des IC 8 ein H-Potential, was bewirkt, daß Pin 10 des IC 8 H-Potential führt. Gleichzeitig mit all diesen Vorgängen kippen auch die als RS-Flip-Flop geschalteten NOR-Glieder des IC 8 um, wenn sie nach dem Aufleuchten von D 1 oder D 2 über das mittlere Glied des IC 7 und den Trigger-Inverter des IC 6 sowie Pin 6 des IC 8 H-Potential bekommen. Pin 1 des IC 8 springt dann auf H-Potential und öffnet die Steuereingänge der beiden IC 2-Glieder, die zu den Widerständen R 8 und R 9 führen. Dadurch gelangt das H-Potential an Pin 10 des IC 8 über D 3 (leuchtet auf) und über T 3 verstärkt zum Relais RL 1. RL 1 zieht an, und die Relaiskontakte (im Schaltplan nicht eingezeichnet) schalten von K 1–K 1a auf K 1–K 1b um. RL 1 bleibt nun so lange angezogen, bis eine Person beide Lichtschranken aus Richtung B kommend durchschritten hat. Dann leuchtet kurz D 2 auf, D 3 verlischt, das Relais RL 1 fällt ab, das Relais RL 2 zieht an, und D 4 leuchtet auf. Kurz gesagt: Jedesmal, wenn jemand die Lichtschranken in Richtung A passiert hat, blinkt D 1 kurz auf, dann beginnt D 3 zu leuchten, und das Relais RL 1 zieht an. Wenn jemand die Lichtschranken in Richtung B passiert hat, blinkt D 2 kurz auf, dann beginnt D 3 zu leuchten, und das Relais RL 2 zieht an.

Die Zweistrahl-Lichtschranke bietet noch einen weiteren Vorteil: Wenn jemand in der Lichtschranke z. B. aus Richtung A kommend umkehrt, wird diese Person nicht gezählt. Denn für das Registrieren einer Person, die aus Richtung A kommt, müssen immer folgende Bedingungen erfüllt sein: Zuerst muß die betreffende Person die Lichtschranke zu FT 1, dann gleichzeitig die Lichtschranken zu FT 1 und FT 2 unterbrechen, dann muß sie die Lichtschranke zu FT 1 wieder freigeben und schließlich die Lichtschranke zu FT 2 wieder freigeben. Pendelbewegungen innerhalb der Lichtschranken werden berücksichtigt und gehen nicht verloren, wenn die Bedingungen, die oben beschrieben sind, eingehalten werden. Dadurch können bei dieser Anlage jegliche Fehlinformationen vermieden werden, wie sie andere Lichtschranken verursachen.

Steuerung der Antiterror-Zweistrahl-Lichtschranke mit 2 Lichtsendern

Die Steuerung der Zweistrahl-Lichtschranke erfolgt über die Fototransistoren FT 1 und FT 2, die in der Mitte der Unterputzdosen U 1 und U 2 fixiert sind. Die Montage von FT 1 und FT 2 kann mit Hilfe von Lüsterklemmen erfolgen. Drei Leitungen verbinden die Eingänge E, C, D der Grundschaltung mit den Fototransistoren FT 1 und FT 2. Im Deckel der Unterputzdose ist ein 5 mm bis 10 mm großes Loch ausgeschnitten, durch das die Fototransistoren beleuchtet werden. Der Abstand der beiden Lichtschranken (LS 1–LS 2) soll nicht kleiner als 5 cm gewählt werden, die Länge der Lichtschranken kann –

je nach Verwendungszweck der Zweistrahl-Lichtschranke – von 1 cm bis (theoretisch) einige Kilometer betragen. Als Lichtsender Ls 1 und Ls 2 müssen dann allerdings (Infrarot-)Laserdioden (Fa. AEG) verwendet werden. Dadurch kann diese Schaltung auch als Freigeländesicherung dienen. Sobald sich dann z. B. ein Einbrecher, über eine Wiese kommend, einem Wochenendhaus nähert, schlägt die Zweistrahl-Lichtschranke Alarm. Wenn die Lichtschranke LS 1 bzw. LS 2 nur 10 bis 30 cm überbrücken soll, kann man als Lichtsender Ls 1 bzw. Ls 2 auch Infrarot-Leuchtdioden einsetzen. Falls LS 1 und LS 2 nur 50 cm bis mehrere Meter überbrücken sollen, kann man die Lichtsender mit Hilfe von zwei Taschenlampen, die in die Unterputzdosen U 1a bzw. U 2a montiert werden, realisieren. Abschließend sei auch noch darauf hingewiesen, daß bei größeren Entfernungen zwischen Lichtsender und Lichtempfänger unter Umständen auch ein einziger Lichtsender für die Steuerung von FT 1 und FT 2 ausreicht.

Steuerung der Antiterror-Zweistrahl-Lichtschranke mit nur einem Lichtsender

Dies läßt sich mit einem Punktlichtstrahler („All glass sealed beam lamp Nr. 4515") der Fa. General Electric realisieren, der in das „Dekospot 30-Gehäuse" der Fa. SLV montiert werden kann. Der Punktstrahler benötigt max. 6-V-Gleich- oder Wechselspannung und ist für eine maximale Leistung von 30 W konzipiert. Da dieser Punktstrahler bei Volleistung nur ca. 150 Stunden lang brennt, empfiehlt es sich, die Versorgungsspannung so niedrig wie nur möglich zu halten (z. B. 2 bis 5 V). Durch diese Maßnahme kann die Lebensdauer dieses Halogenscheinwerfers beträchtlich (ca. 1000 Stunden) erhöht werden. Die Speisespannung für diesen Punktstrahler bezieht man am besten über einen Trafo (Primärseite: 220 V/Sekundärseite: 6 V/6 A). Mit Hilfe eines Drahtwiderstandes von 5 Ω, der für eine Leistung von 40 Watt konzipiert ist und über einen Mittelabgriff verfügt, kann man die Helligkeit des Punktstrahlers einstellen. Dieser Drahtwiderstand wird einfach in Serie zum Punktstrahler (in den Sekundärkreis des Trafos) geschaltet. Mit Hilfe der Abgriffschelle am Drahtwiderstand kann man die Leistung des Punktstrahlers einstellen. Selbstverständlich muß dafür Sorge getragen werden, daß dieser Drahtwiderstand, der sich stark erhitzen kann, ausreichend Platz für eine gute Kühlung hat.

Nebenbei soll auch erwähnt werden, daß die „All glass sealed beam lamp" auch als Infrarot-Punktstrahler bzw. Infrarot-Lichtsender eingesetzt werden kann, wenn man vor die Glühlampe ein Infrarot-Filter (Wratten gelatin filter Nr. 87, 10 cm x 10 cm, der Firma Kodak – erhältlich in jedem Fotogeschäft) montiert. Dadurch wird die Doppellichtschranke für das menschliche Auge

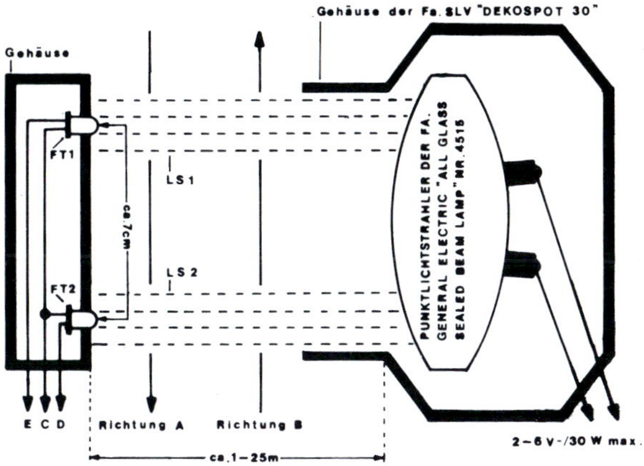

Bild 4: Anordnungsbeispiel der Lichtschranken LS1 und LS2 mit Hilfe eines Punktstrahlers der Firma „General Electric".

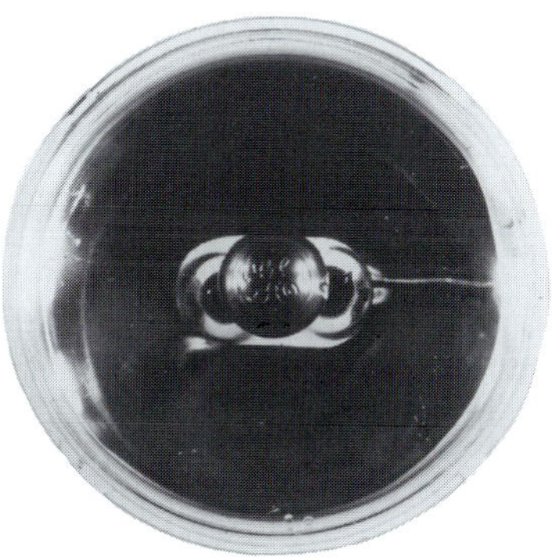

Bild 5: Punktlichtstrahler für 6 V/30 W (Reichweite bis ca. 25 m, Durchmesser ca. 10 cm, Einbautiefe ca. 6 cm, Betrieb mit Gleichstrom oder Wechselstrom, Lichtstrahlen treten fast parallel aus); Bezeichnung: „All glass sealed beam lamp" der Firma General Electric Nr. 4515/Par 36/6 V/30 W. Bezugsquelle: Diskotheken-Zubehör-Firmen.

Bild 6: Einbaugehäuse für Punktlichtstrahler („All glass sealed beam lamp") der Firma SLV – Dekospot 30. Bezugsquelle: Diskotheken-Zubehör-Geschäfte.

unsichtbar, die beiden Fototransistoren FT1 und FT2 reagieren jedoch noch auf Wellenlängen, die über 760 Angström liegen. Alle anderen Wellenlängen, die unter 760 Angström liegen, werden von dem speziellen Kodak-Wratten-Gelatinfilter Nr. 87 nicht durchgelassen. Dieser Infrarot-Filter kann gemeinsam mit dem Punktstrahler in das „SLV-Kunststoffgehäuse" eingebaut werden. Durch die Vorschaltung des Infrarot-Filters vor den Punktstrahler nimmt allerdings die Reichweite der Lichtschranke etwas ab. Bild 7 zeigt das Diagramm des Filters.

Montage und Inbetriebnahme des (Infrarot-)Lichtsenders, des (Infrarot-)Lichtempfängers und Einjustierung der Einstellregler

Je nach Reichweite der Lichtschranken muß die Leistung des Punktstrahlers größer oder kleiner gewählt werden. Lichtsender und Lichtempfänger müssen so gegenüber montiert werden, daß immer beide Fototransistoren FT1 und FT2 beleuchtet sind. Die Leistung des Lichtsenders soll so gewählt werden, daß ein deutlich sichtbarer Lichtkegel die beiden Fototransistoren beleuchtet. Nun läßt man eine Person dauernd von der Richtung A und anschließend von der Richtung B kommend die beiden Lichtschranken durchschreiten und verstellt gleichzeitig die Einstellwiderstände R1 und R2, bis die Relais RL1 und RL2 abwechselnd anziehen und abfallen. An den beiden Einstellwiderständen soll jener Einstellpunkt gewählt werden, an dem die Schaltung gerade noch anspricht.

Wenn nun die Lichtschranke zu einer Infrarot-Lichtschranke umfunktioniert werden soll, montiert man einfach einen Kodak-Infrarot-Filter vor den Punktstrahler, erhöht die Leistung des Punktstrahlers um etwa 30 Prozent und stellt danach wieder die Einstellwiderstände R1 und R2 ein, wobei man eine Person die Lichtschranken – abwechselnd von der einen und von der anderen Seite – durchqueren läßt. Bei großen Reichweiten der Lichtschranken muß man unter Umständen die Leistung des Punktstrahlers noch weiter erhöhen, bis die Schaltung einwandfrei funktioniert. Der Abstand der beiden Fototransistoren FT1 und FT2 voneinander muß bei einer Lichtschrankenlänge von 10 Metern mindestens 20 cm betragen, damit die Schaltung eine einwandfreie Differenzierung durchführen kann.

Die Bilder 8 bis 10 zeigen die Leiterplatte für die Auswerteelektronik der Antiterror-Zweistrahl-Lichtschranke sowie die Anordnung der Bauelemente auf dieser Leiterplatte.

87
88 A

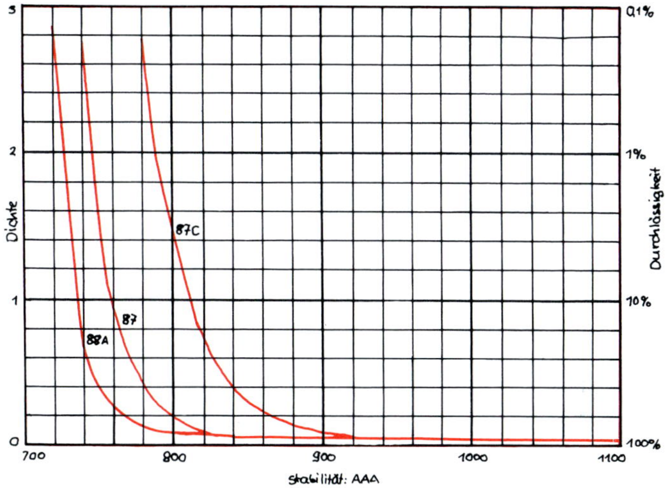

Wellenlänge		% Durchlässigkeit No. 87	No. 87C	No. 88A
Dominierende Wellenlänge	(A)	757.0	–	746.0
% Reinheit	(A)	100.0	–	100.0
% Helligkeit	(A)	0.0002	–	0.005
x_A y_A		0.7347 0.2653	– –	0.7347 0.2653
Dominierende Wellenlänge	(C)	757.0	–	748.0
% Reinheit	(C)	100.0	–	100.0
% Helligkeit	(C)	0.0001	–	0.002
x_C y_C		0.7347 0.2653	– –	0.7347 0.2653

Bild 7: Diagramm des Kodak-Wratten-Gelatinfilter Nr. 87 (Infrarot-Filter), der in jedem guten Fotogeschäft erhältlich ist.

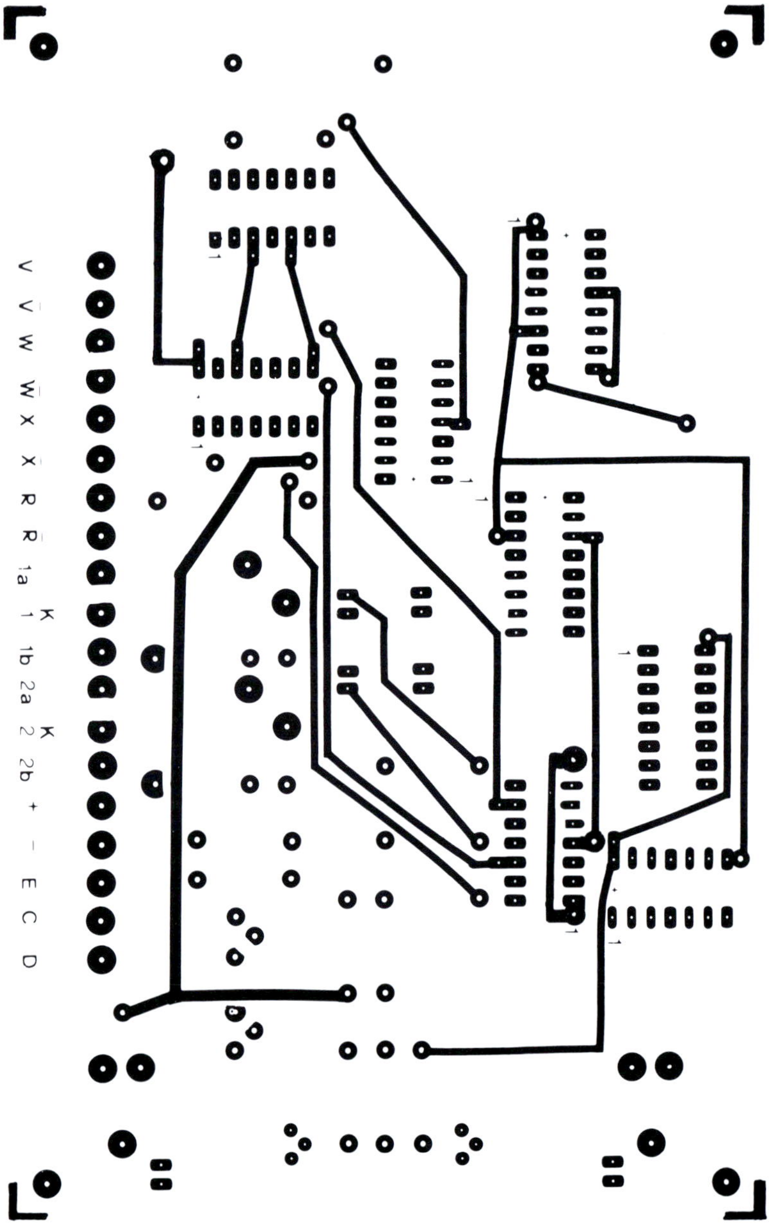

Bild 8: Bestückungsseite der Leiterplatte der Antiterror-Zweistrahl-Lichtschranke.

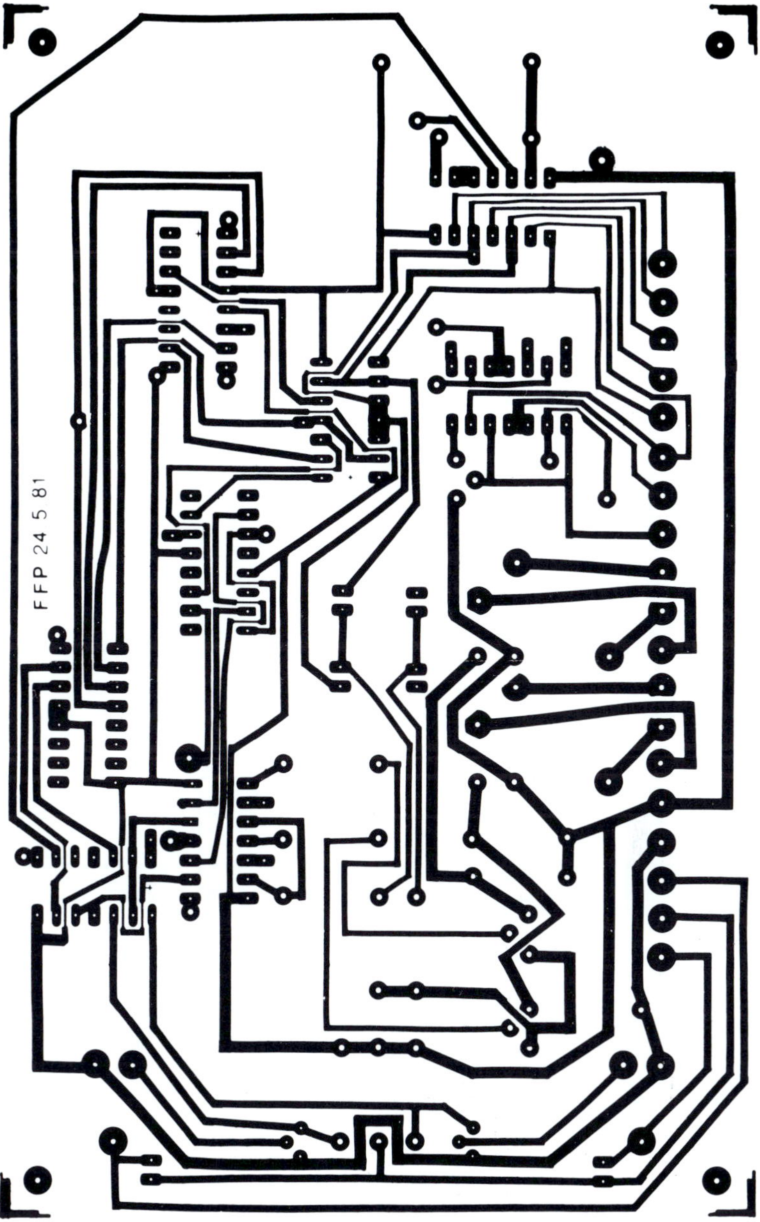

Bild 9: Leiterbahnseite der Leiterplatte der Antiterror-Zweistrahl-Lichtschranke.

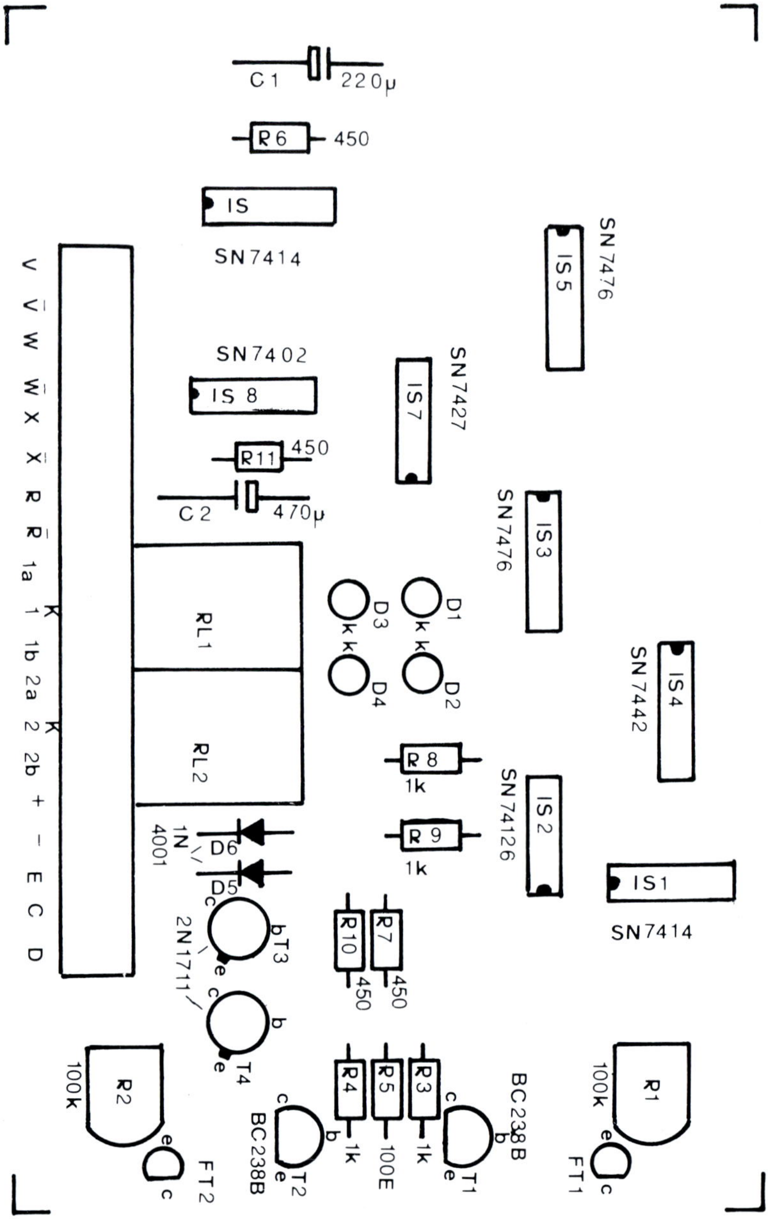

Bild 10: Anordnung der Bauelemente auf der Leiterplatte für die Antiterror-Zweistrahl-Lichtschranke.

Stückliste der Schaltung 1

R 1/2	Einstellwiderstand 100 kΩ/0,25 W
R 3/4/8/9	1 kΩ/0,25 W
R 5	100 Ω/0,25 W
R 6/7/10/11	450 Ω/0,25 W
C 1	10 µF bis 470 µF/6 V (je nach Aufleuchtdauer von D 1/D 2)
C 2	470 µF/6 V bis 1000 µF/6 V
D 1/D 3	rote LED, Durchmesser 5 mm
D 2/D 4	grüne LED, Durchmesser 5 mm
D 5/D 6	1 N4001 o. ä.
T 1/T 2	BC238B
T 3/T 4	2N1711
FT 1/FT 2	Fototransistor BPW 14, BPW 40, o. ä.
IC 1/IC 6	SN 7417 (mit Fassung)
IC 2	SN 74126 (mit Fassung)
IC 3/IC 5	SN 7476 (mit Fassung)
IC 4	SN 7442 (mit Fassung)
IC 7	SN 7427 (mit Fassung)
IC 8	SN 7402 (mit Fassung)
RL 1/RL 2	6 V-Relais (z. B. der Firma ERNI, Rel 19 AO 1.3)
Ferner	Printlüsterklemmen

Schaltung 2

Ergänzungsschaltung für die Antiterror-Zweistrahl-Lichtschranke: Vierstelliger Dekadenzähler mit Speicher, Dekoder, Treiber und Multiplexer für Anzeige

Mechanische Zählwerke werden heute nur noch auf wenigen Gebieten eingesetzt. Immer mehr setzen sich hochintegrierte Dekadenzähler durch, da sie jetzt sehr preisgünstig im Handel erhältlich sind. Zählmodule dieser Art arbeiten bis zu mehreren 100 MHz. Einen einzigen Nachteil weisen sie aber dennoch gegenüber den mechanischen Zählwerken auf: Bei Stromausfall „vergessen" sie die gespeicherten Informationen. Aber es bleibt abzuwarten, bis auch dieses Problem gelöst werden wird. So bieten heute viele Firmen hochintegrierte Zählmodule an, die für 2- bis 4stellige Anzeigen konstruiert wurden. Leider gibt es für solche ICs oft keine fertigen Printplatten, so daß sich das Verdrahten oft als schwierig erweist. Seit einiger Zeit aber bietet die Firma Völkner-Elektronik in D-3300 Braunschweig, Postfach 53 20, ein neues 4stelliges Zählmodul vom Typ MM 74 C 925 fix und fertig auf einer kleinen Platine verdrahtet preiswert an. Dieser Baustein kann für alle Vorwärts-Zählaufgaben eingesetzt werden. Die integrierte Schaltung enthält einen vierstelligen dekadischen Zähler, ein vierstelliges Speicherregister, sowie die Dekoden, die Treiber und die Multiplexer für die vierstellige 7-Segmentan-

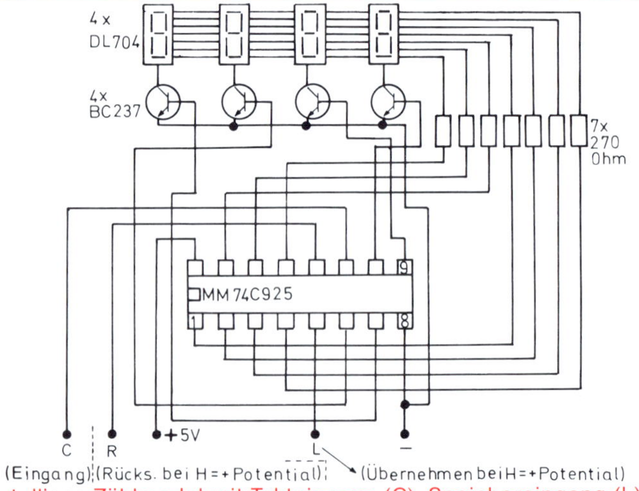

Bild 1: 4stelliges Zählmodul mit Takteingang (C), Speichereingang (L) und Rückstelleingang (R) für den Speicher. Das Zählermodul Typ MM74C925 enthält außerdem Treiber und Multiplexer für die 4stelligen 7-Segmentanzeigen (DL704).

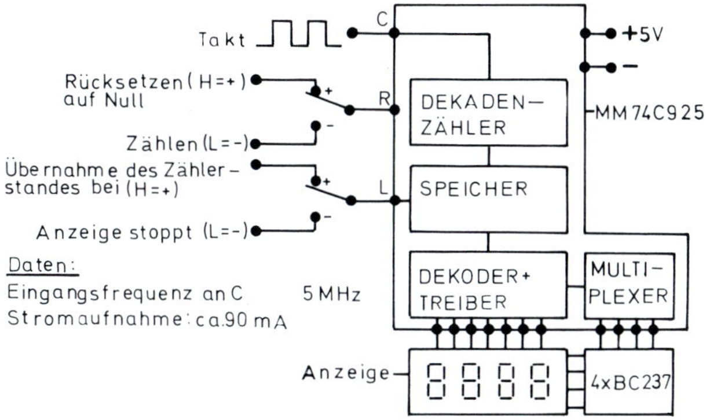

Bild 2: Blockschaltbild des 4stelligen Dekaden-Vorwärts-Zählmoduls MM74C925.

zeige. Die Eingangsfrequenz an Pin 11 des IC liegt bei ca. 5 MHz (Platinenanschluß C). Wenn man den Rücksetzeingang R auf L-Potential (Minuspotential) und den Latcheingang L auf H-Potential (Pluspotential) legt, arbeitet das IC MM 74 C 925 wie ein Zählwerk: Jeder Impuls, der über den Eingang C in das IC gelangt, wird gespeichert und das Zählresultat von der 4stelligen Anzeige sofort sichtbar gemacht. Wenn man nun den Rückstelleingang R kurzzeitig auf H-Potential legt, so wird dadurch der Zähler sofort auf Null (0000) gesetzt.

Aber auch das Speicherverhalten des IC kann beeinflußt werden: H-Potential am Speichereingang L bewirkt die Übernahme des Zählerstandes in das Anzeigeregister. Bei L-Potential am Speichereingang L bleibt die Anzeige stehen, der Zähler zählt jedoch weiter. Dadurch kann das Zählmodul auch als Frequenzmesser eingesetzt werden.

Dieses Zählmodul kann an mehrere Schaltungen, die in diesem Buch beschrieben sind (z. B. Antiterror-Zweistrahl-Lichtschranke) angeschlossen werden.

Stückliste der Schaltung 2

IC	MM 74 C 925 (Hersteller: National Semiconductor) mit Fassung
R 1 bis R 7	270 Ω/0,5 W
T 1 bis T 4	BC 237 o. ä.
Sieben-Segmentanzeigen	DL 704 (4 Stück)

Bild 3: 4stelliger Dekadenzähler mit Speicher, Dekodierer, Treiber und Multiplexer für Anzeige. Betriebsspannung 5 Volt. Abmessungen 51 x 55 mm.
R = Rückstelleingang
L = Speichereingang
C = Takteingang

Schaltung 3
Einbrecher in der Infrarotfalle oder Brandalarm-Anlage

Ein sogenannter passiver Infrarotdetektor ist das Herz dieser Infrarotfalle, die sowohl als Einbruchssicherung wie auch als Brandmelder geeignet ist.

Die neuen IR-Detektoren lassen sich an einen bestimmten Spektralbereich anpassen. Für unseren Zweck ist die Valvo-Type RPY 86 (mit einem DL-Fenster) sinnvoll, deren Spektralbereich von 6,5 µm bis 14 µm reicht. Sie spricht weder auf sichtbares Licht noch auf das nahe Infrarot an. Die Wellenlänge des sichtbaren Lichtes liegt etwa zwischen 400 nm (violett) und 760 nm (rot).

Der IR-Detektor ist in einem modifizierten TO-5-Gehäuse eingebaut und enthält neben dem strahlungsempfindlichen keramischen, elektrisch polarisierten Element einen nachgeschalteten Feldeffekttransistor, der als Impedanzwandler zwischen dem Detektor und dem nachfolgenden Verstärker fungiert. Das Besondere an diesem IR-Sensor ist, daß er nur bei Temperaturschwankungen ein elektrisches Signal erzeugt. Auf eine konstante Strahlung spricht er nicht an.

Die Schaltung (Bild 1)

Wie das Schaltbild zeigt (ein Vorschlag von Philips/Valvo), ist dem IR-Detektor ein Vorverstärker mit T 1 (BCY 71) nachgeschaltet, der das Eingangssignal knapp fünffach verstärkt. Die übrige Schaltung besteht aus vier ICs (zwei Operationsverstärker vom Typ TCA 520 B, Valvo, und zwei µA 741). IC 1 (TCA 520 B) ist auf eine hundertfache Verstärkung (R 7 : R 6) durch entsprechende Bemessung der Gegenkopplung eingestellt. Dagegen läßt sich in der zweiten Stufe (IC 2) – ebenfalls ein TCA 520 B – die Verstärkung mit dem Trimmpotentiometer TP (10 kΩ) zwischen 10 und 100 einstellen. IC 3 – ein OpAmp (= Operationsverstärker) vom Typ 741 – arbeitet als Triggerstufe.

Über den Kondensator C 8 gelangt das verstärkte Signal an die aus D 1, D 2 und C 9 bestehende Gleichrichter- und Spannungsverdopplerstufe. Überschreitet hier die Ausgangsgleichspannung etwa 1 Volt, so wird die zweite Triggerstufe (IC 4), die gleichzeitig als Relaisstufe dient, aktiv: sie schaltet das Relais RL ein und löst mit dem Summer SU oder mit einer Sirene (eventuell ein Zwischenrelais wegen höherer Strombelastung vorsehen) Alarm aus.

Wir haben für das RL eine Reedrelaistype (ROTA 14-12-472) mit einem Spulenwiderstand von 910 Ohm gewählt, das bei einer Betriebsspannung von 9 Volt knapp 10 mA aufnimmt, so daß der OpAmp 741 nicht überlastet wird. Die maximal zulässige Kontaktbelastung liegt bei 12 VA/0,6 Ampere.

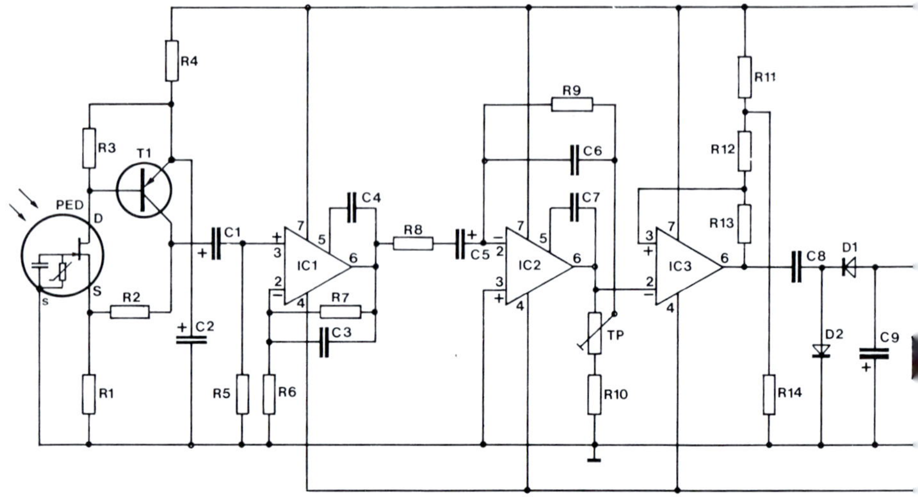

Bild 1: Schaltbild der Infrarot-Anlage.

Soll der Alarm nur Zimmerlautstärke aufweisen, so genügt ein elektronischer Kleinsummer (Typ MEB-812), der mit 95 bis 105 Phon (700 Hz) in einem Meter Abstand in den meisten Fällen ausreicht. Dieser Summer kann wegen seines geringen Strombedarfs von nur 17 mA an das spannungsstabilisierte Netzteil angeschlossen werden, ohne eine Überlastung befürchten zu müssen.

Das Netzteil ist bipolar ausgelegt, so daß wir nach Gleichrichtung, Stabilisierung und Siebung an den beiden Komplementärtransistoren T2 (NPN-Typ, z.B. BC 340 o.ä.) und T3 (PNP-Typ, z.B. BC 350 o.ä.) eine Gleichspannung von +9 Volt bzw. −9 Volt zur Verfügung haben. Da der Ruhestrom nur ca. 30 mA beträgt und mit dem Eingangssignal nur 40 mA (10 mA Relaisstrom) fließen, beläuft sich der Gesamtstrom mit elektronischem Kleinsummer auf knapp 60 mA. Der vorgesehene Kleintrafo für gedruckte Schaltung (Fabrikat Spitznagel) in vergossener Ausführung (kurzschlußfest) ist bis 120 mA belastbar.

Der Aufbau

Der komplette Verstärker läßt sich einschließlich bipolarem Netzteil und Spannungsstabilisierung bequem auf einer 60 mm x 170 mm großen Platine unterbringen. Damit wir dabei den relativ kostbaren IR-Detektor durch die Lötwärme nicht gefährden, ist es ratsam, eine dreipolige Transistorfassung an das Ende eines dreiadrigen Kabels zu löten und den IR-Detektor einzustecken.

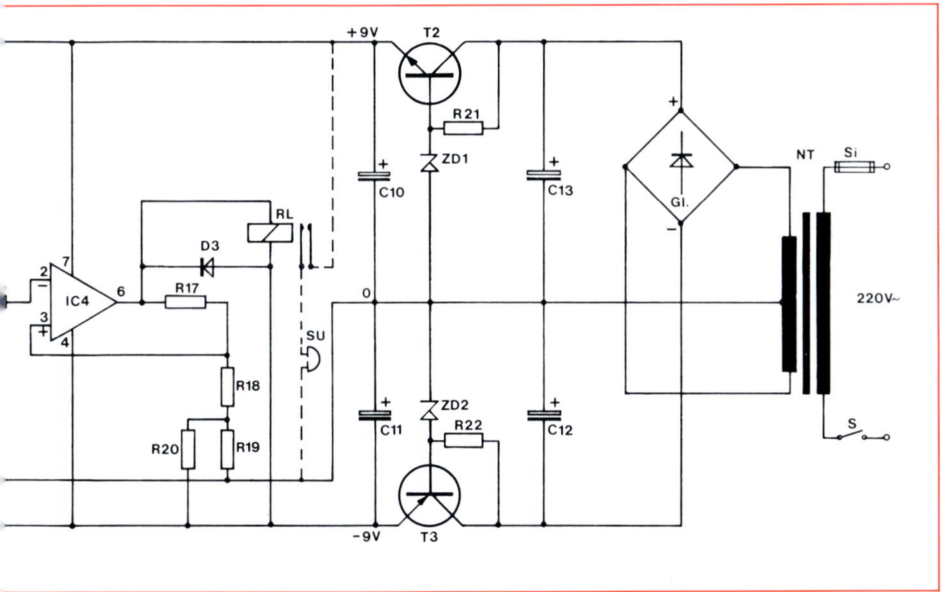

Obwohl es sich bei den vier ICs um keine MOS-Typen handelt, sollten diese nicht direkt in die Platine eingelötet werden (achtpolige IC-Fassungen vorsehen), damit bei einer eventuellen Fehlersuche ein schneller IC-Wechsel gewährleistet ist.

Da sich die Masseleitung nicht ohne Kreuzung ausführen läßt, ist bei „Dr. Br." (auf der Platine neben dem Netztrafo NT ersichtlich) eine Drahtbrücke einzulöten. Und da bei den einzelnen Verstärkerstufen relativ hohe Zeitkonstanten notwendig sind, sollten nur hochwertige Elektrolytkondensatoren eingebaut werden.

Der elektronische Kleinsummer SU – er besitzt einen eingebauten Verpolungsschutz (Diode) – ist mit seinem Minuspol (schwarzes Kabel) auf der Leiterplatte der IR-Anlage an Masse anzuschließen. Das rote Kabel (Pluspol) wird an das rechte Lötauge Ka angelötet, das linke Lötauge Ka ist mit der danebenliegenden Leiterbahn (+9 Volt) durch eine kurze Drahtbrücke zu verbinden.

Wird für C9 ein Elko (Tantalperle) von 1 µF und für R15 ein 4,7-MΩ-Widerstand verwendet, so dauert der Alarm rund 25 Sekunden. Soll der Alarm wesentlich länger dauern und seine Dauer einstellbar sein, soll er außerdem als intermittierender Ton hörbar sein, so kann man mit zwei IC-Timern vom Typ 555 ein einfaches Zusatzgerät bauen. Das erste IC arbeitet als Monoflop (die Zeitkonstante wird durch R2 und C2 bestimmt, nach Stückliste ca. 30 Sekunden), das zweite IC als astabiler Multivibrator, der den Alarmton

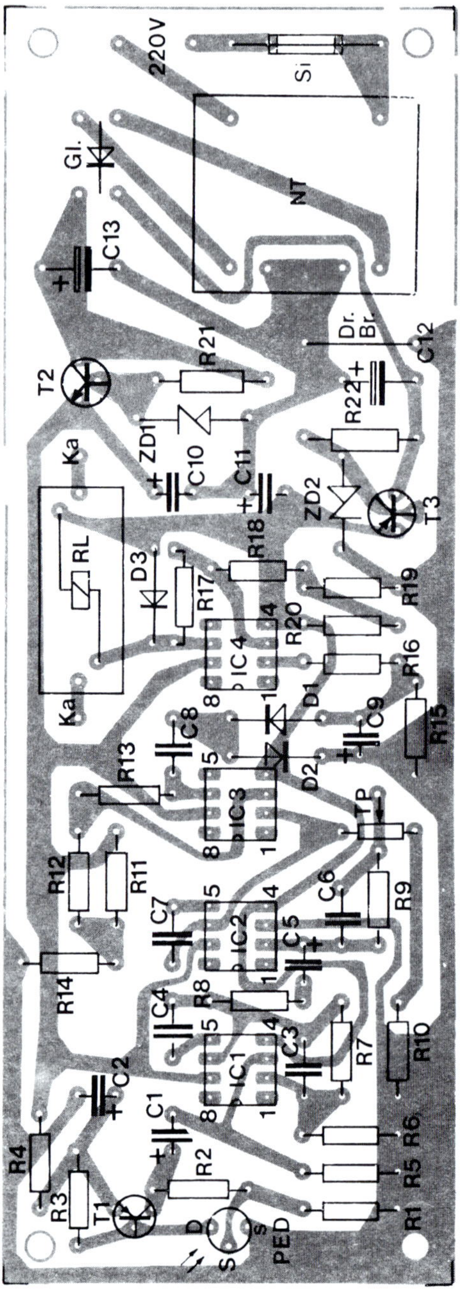

Bild 2: Platine der IR-Anlage
(Dr.Br. = Drahtbrücke).

etwa alle 2 Sekunden periodisch unterbricht, wodurch der Aufmerksamkeitswert – vor allem bei einer Sirene – wesentlich erhöht wird.

Die Einschaltdauer des Relais RL 2 sowie die Pausendauer werden durch R 3, R 4 und C 3 bestimmt. Die Diode D hat wie die Diode D 3 in der Verstärkerschaltung die Aufgabe, die beim Abschalten des Relaisstromes auftretenden induktiven Spannungsspitzen zu unterdrücken, um Schäden zu vermeiden.

Zur Auslösung dieses Zeitgebers genügt schon ein kurzer Impuls (Schließen der Kontaktzungen im Reedrelais RL). Seine Betriebsspannung darf nur dann dem vorhandenen Netzteil entnommen werden, wenn der Arbeitsstrom im Rahmen der Belastbarkeit liegt. Bei Verwendung der in der Stückliste genannten Bauteile werden gerade noch die Grenzen eingehalten (Arbeitsstrom ca. 65 mA).

Das Gehäuse (Teko, Typ AUS-22) ist so bemessen (170 mm x 198 mm x 70 mm), daß auch noch genügend Platz für die Platine des Zeitgebers oder für einen kurzbrennweitigen Facettenhohlspiegel zur Verbesserung der Reichweite vorhanden ist. Als Fenster für die IR-Strahlung bringen wir in der Alu-Frontplatte eine runde Aussparung von 40 mm Durchmesser an, die wir, um Fehlalarm durch Schlierenbildung warmer Luft (geheiztes Zimmer oder geöffnete Fenster oder Türen) weitgehend zu unterdrücken, von innen mit Polyäthylenfolie zukleben. Diese Folie läßt noch fast 95 Prozent der für uns wichtigen IR-Strahlung passieren. Wird das Trimmpoti TP ganz nach links gedreht (von der Trafoseite aus gesehen), so ist die Empfindlichkeit am größten.

Versuche haben gezeigt, daß ohne zusätzliche Maßnahmen, wie vorgeschaltete Lamellen oder facettierter Hohlspiegel, Reichweiten von 6 bis 7 m zu erzielen sind, was in den meisten Fällen genügt.

Wird der im Applikationsbericht empfohlene facettierte Hohlspiegel mit vier Segmenten verwendet und der IR-Detektor im Brennpunkt angeordnet, so läßt sich ein Mann in Hemdsärmeln noch in 30 m Entfernung aufspüren; eine sensationelle Leistung!

Dieser in einem IR-Detektor-System der Firma Optical Coating Laboratory Inc. (U.K. Patent Nr. 1335410) beschriebene Multi-Facetten-Spiegel ist so konstruiert, daß ein eindringender Dieb beim Passieren des Sichtfeldes mehrmals registriert wird. Der Spiegel besteht aus vier Einzelsegmenten von je 7 mm x 50 mm mit einem Radius von 100 mm. Die Segmente sind kreisförmig angeordnet (Radius 50 mm), so daß die Brennpunkte der vier Segmente zusammenfallen. Sie sorgen für die notwendige Modulation der IR-Strahlung. (Leider ist der Spiegel bei uns nicht im Fachhandel erhältlich.)

Bei bescheideneren Ansprüchen erzielen wir auch mit einem Rasierspiegel eine Reichweitenverbesserung. Dafür kleben wir etwa 2 mm breite schwarze

Selbstklebestreifen (für die Herstellung von gedruckten Schaltungen im Fachhandel erhältlich) im Abstand von 10 mm auf die Spiegelfläche, wodurch wir die erforderlichen Segmente erhalten.

Experimente mit verspiegelter Polyesterfolie führten ebenfalls zu einer Verbesserung der Reichweite. Hierfür wurden 10 mm breite und 100 mm lange Streifen auf einen geschmeidigen Karton geklebt (Abstand 2 mm) und dieser halbkreisförmig fixiert. Durch Versuche läßt sich der für die räumlichen Verhältnisse zweckmäßigste Radius des Kartons finden.

Falls bei maximal eingestellter Empfindlichkeit am Trimmpoti Fehlalarm ausgelöst wird, ist diese etwas zu reduzieren. Störspannungen aus dem Netz (Leuchtstofflampen) führten nicht zum Ansprechen des Relais.

Da das im IR-Detektor verwendete Material jedoch nicht nur pyroelektrisch, sondern auch piezoelektrisch empfindlich ist, muß darauf geachtet werden, daß keine mechanischen Vibrationen einwirken können. Obwohl dieser Effekt (mechanische Mikrofonie) recht gering ist, darf er nicht ignoriert werden. Es ist ratsam, die Kunststoff-Schutzkappe erst von dem IR-Detektor abzunehmen, wenn er in die Fassung eingesteckt ist, um Beschädigungen des Fensters zu vermeiden. Fingerspuren lassen sich von dem Fenster nur schwer entfernen. Sie verändern die Durchlässigkeits-Eigenschaften des Fensters. Das Gehäuse des IR-Detektors darf nie positiv gegenüber dem Source- und Drain-Anschluß sein, weil sonst der Feldeffekt-Transistor leicht beschädigt werden kann.

Die Aufstellung des Gerätes in dem zu schützenden Raum muß so erfolgen, daß sich der in den Raum eindringende Dieb nicht auf das Gerät zu bewegen kann, sondern seitlich vorbeigehen muß, damit die unerläßliche Temperaturänderung (Modulation) erreicht wird.

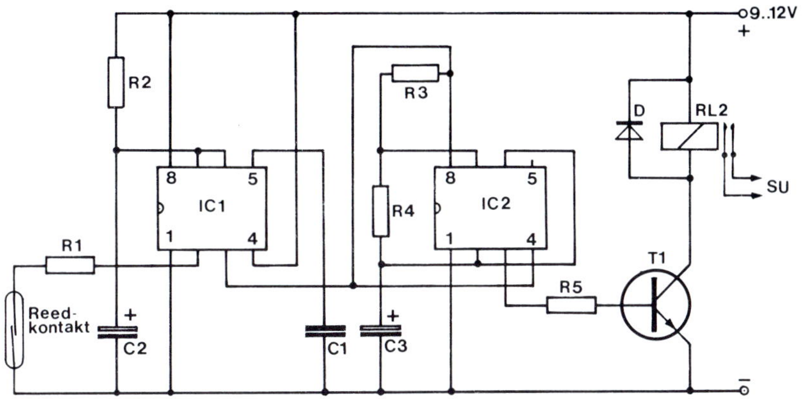

Bild 3: Schaltbild des zusätzlichen Zeitgebers.

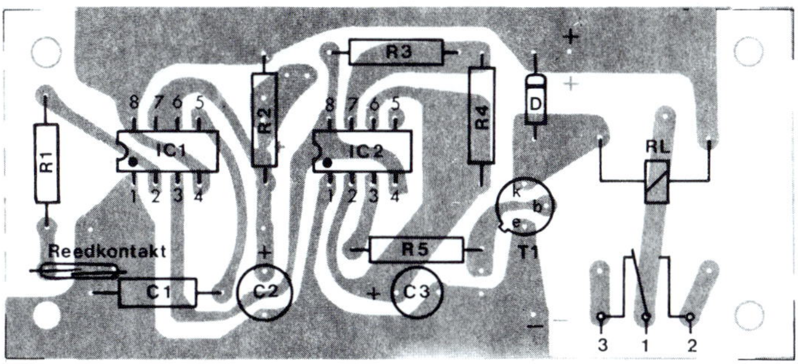

Bild 4: Platine des Zeitgebers.

Stückliste der Infrarot-Anlage der Schaltung 3

R 1	470 Ω, 1/3 W	TP	Trimmpoti für gedruckte Schaltung, 10 kΩ, 1/3 W
R 2	1,8 kΩ, 1/3 W		
R 3	1,8 kΩ, 1/3 W	C 1	4,7 µF, 12 V
R 4	1 kΩ, 1/3 W	C 2	220 µF, 12 V
R 5	100 kΩ, 1/3 W	C 3	15 nF, 100 V (MKH-Type)
R 6	10 kΩ, 1/3 W	C 4	150 pF, 63 V
R 7	1 MΩ, 1/3 W	C 5	4,7 µF, 12 V
R 8	100 kΩ, 1/3 W	C 6	15 nF, 100 V (MKH-Type)
R 9	1 MΩ, 1/3 W	C 7	150 pF, 63 V
R 10	1 kΩ, 1/3 W	C 8	470 nF, 100 V (MKH-Type)
R 11	47 kΩ, 1/3 W	C 9	4,7 µF, 12 V (evtl. 1 µF, siehe Text)
R 12	1 kΩ, 1/3 W	C 10	100 µF, 12 V
R 13	1 MΩ, 1/3 W	C 11	100 µF, 12 V, Tröpfchenelko
R 14	4,7 kΩ, 1/3 W	C 12	1000 µF, 25 V
R 15	4,7 MΩ, 1/3 W	C 13	1000 µF, 25 V
R 16	10 kΩ, 1/3 W	T 1	BCY 71 o. ä.
R 17	150 kΩ, 1/3 W	T 2	BC 340 o. ä. NPN-Type
R 18	10 kΩ, 1/3 W	T 3	BC 360 o. ä. PNP-Type
R 19	10 kΩ, 1/3 W	D 1	BA 317 o. ä.
R 20	47 kΩ, 1/3 W	D 2	BA 317 o. ä.
R 21	560 Ω, 0,5 W	D 3	BAX 12 A o. ä.
R 22	560 Ω, 0,5 W		

IC 1	TCA 520 B
IC 2	TCA 520 B
IC 3	741 CN
IC 4	741 CN
PED	Pyroelektrischer Infrarot-Detektor, RPY 86 (Valvo)
NT	Netztrafo, sekundär 2 x 12 Volt, 120 mA, Type SPK 2230/12/12
RL	Relais Rota 14-12-472, 910 Ω
Si	Feinsicherung, 50 mA mit Sicherungshalter für gedruckte Schaltung
Gl.	B 30 C 300
S	Netzschalter
4	achtpolige IC-Fassungen
1	Transistorfassung, dreipolig für PED
1	Leiterplatte, 60 mm x 170 mm groß
1	Gehäuse
1	elektronischer Kleinsummer, Typ MEB-812, Betriebsspannung 8 bis 12 V/20 mA
1	Klemme, zweipolig, für gedruckte Schaltung und Netzkabelanschluß

Stückliste des Zeitgebers der Schaltung 3

R 1	4,7 kΩ, 1/4 W
R 2	5,6 MΩ, 1/4 W, für ca. 30 Sekunden Alarmzeit, eventuell einen Festwiderstand (1 MΩ, 1/4 W) mit einem Trimmpoti (10 MΩ, 1/4 W) in Reihe schalten, damit die Alarmzeit einstellbar ist; die Leiterbahn auf der Platine beim Pfeil durchtrennen
R 3	56 kΩ, 1/4 W
R 4	560 kΩ, 1/4 W
R 5	1,2 kΩ, 1/4 W
C 1	10 nF, 100 V oder mehr
C 2	4,7 μF, 15 V (Tantalperle)
C 3	4,7 μF, 15 V (Tantalperle)
D	1 N4001
T 1	BC 109 o. ä.
IC 1	NE 555
IC 2	NE 555
RL 2	SDS-Relais, Typ HT-12 V
	Reed-Kontakt vom Relais RL in der Verstärkerschaltung
1	Leiterplatte, 40 x 90 mm
2	achtpolige IC-Fassungen für IC 1 und IC 2

Falls das Zusatzgerät nicht in unmittelbarer Nähe der Leiterplatte des IR-Verstärkers montiert wird, ist ein Festwiderstand von 10 kΩ bis 15 kΩ zwischen Pluspol einerseits und zwischen Reed-Kontakt und R 1 andererseits einzulöten, damit IC 1 (NE 555) einwandfrei arbeitet.

Schaltung 4

Langfinger haben keine Chance mehr (Annäherungsschalter)

Das Sicherheitsbedürfnis der Menschen ist heutzutage besonders ausgeprägt. Interessant ist die nachfolgend beschriebene Anlage, die, mit einer Sirene gekoppelt, sowohl als Warnanlage als auch als automatischer Lichtschalter verwendet werden kann. Es handelt sich um einen kapazitiven Näherungsschalter, der sofort anspricht, wenn eine Person in die Nähe der Antenne kommt.

Die gewählte Schaltung (Bild 1) – ein modifizierter RCA-Vorschlag – läßt sich mit geringem Aufwand an Zeit und Geld realisieren. In der Regel genügt als Antenne ein 20 bis 30 cm langer isolierter Volldraht von 1 mm Stärke, damit die Schaltung auf einen Menschen, der in 1 m Entfernung vorbeigeht, reagiert.

Bei den in der Stückliste angegebenen Werten für C 7 (100 µF) und R 15 (1 MΩ) ergibt sich eine maximale Einschaltdauer des Relais RL von etwa 50 Sekunden.

Da die Antenne direkt am Gerät anzuordnen ist, sollte man sich um einen kompakten Aufbau mit gedruckter Schaltung (Bild 2) bemühen. Die von uns konzipierte Platine mißt 50 mm x 170 mm und bietet genügend Platz auch für das Netzteil NT sowie den Festspannungsregler IC 3, der bis zu 100 mA belastbar ist. Der Gesamtstrom beläuft sich bei durchgeschalteter Endstufe auf rund 80 mA. Wird ein Relais mit einem Spulenwiderstand unter 100 Ohm verwendet, muß der Regler IC 3 bis 500 mA belastbar sein.

Wichtig ist, daß beim Einlöten der Teile die üblichen Schutzvorkehrungen beachtet werden. Neben dem Ableiten der Lötwärme mit Pinzette oder Flachzange empfiehlt sich vor allem kurzfristiges Trennen des Lötkolbens vom Netz während des eigentlichen Lötvorganges. IC 1 und IC 2 löten wir nicht in die Platine ein, sondern stecken sie sicherheitshalber in IC-Fassungen. Aber auch vor dem Einlöten ist im Umgang mit MOS-ICs größte Sorgfalt angebracht, da die Gefahr der statischen Aufladung dieser Teile recht groß ist. Deshalb sollte man vor dem Auspacken der ICs deren Kontaktstifte mit dünnem Draht (Litzenader) zickzackförmig kurzschließen, dann erst herausziehen, in die Fassung einsetzen und den Draht wieder entfernen. Das Netzkabel muß unbedingt einen Schutzleiter aufweisen, damit der Masseanschluß M auf der Platine einwandfrei geerdet werden kann, denn nur dann funktioniert das Gerät einwandfrei.

Bei Batteriebetrieb ist der Minuspol der Batterie eventuell mit „Erde“ (Wasserleitung) zu verbinden.

Im Mustergerät war ursprünglich für R 11 und R 15 je ein Trimmpoti eingelötet. Doch hat die Praxis gezeigt, daß insbesondere mit R 11 bei Verwendung eines Potentiometers mit großem Skalenknopf eine feinere Empfindlichkeitsein-

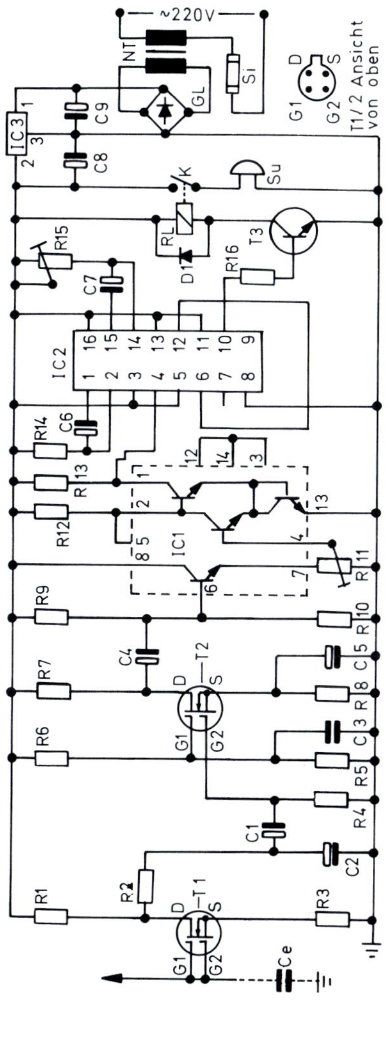

Bild 1: Annäherungsschalter „Langfinger haben keine Chance“. Das Gerät soll in unmittelbarer Nachbarschaft der zu schützenden Gegenstände installiert werden.

stellung möglich ist. Als Gehäuse ist jede handelsübliche Metall- oder Kunststoffausführung geeignet, wenn die Länge wenigstens 175 mm und die Höhe 50 mm aufweisen. Bei Verwendung eines Metallgehäuses ist dieses unbedingt mit dem Schutzleiter des Netzkabels zu verbinden, und bei mangelnden Kenntnissen der VDE-Vorschriften muß man einen Fachmann konsultieren, der das Gerät vor Inbetriebnahme überprüft.

Genügt ein Summer als Alarmgeber, so reicht der Festspannungsregler IC 3 für 100 mA auch noch für die Stromversorgung des Summers aus. Bei erhöhter Stromentnahme ist der in der Stückliste erwähnte Regler für 500 mA erforderlich. Bei Sirenen empfiehlt sich eine getrennte Stromversorgung.

Im übrigen ist unser Näherungsschalter – wir haben schon darauf hingewiesen – nicht nur für Alarmanlagen geeignet. Man kann damit auch beim Vorbeigehen die Hausklingel auslösen oder das Treppenlicht einschalten. Versierte Bastler können dem IC 2 ein Flipflop nachschalten, so daß ein Impuls einen Verbraucher einschaltet und ein zweiter Impuls den Verbraucher wieder ausschaltet.

Stückliste der Schaltung 4

R 1/13	1 kΩ/0,25 W
R 2/7	4,7 kΩ/0,25 W
R 3	330 Ω/0,25 W
R 4/14	1 MΩ/0,25 W
R 5/10/12	10 kΩ/0,25 W
R 6	15 kΩ/0,25 W
R 8	470 Ω/0,25 W
R 9	100 kΩ/0,25 W
R 11	Poti, lin, 5 kΩ/0,25 W
R 15	Poti, lin, 1 MΩ/0,25 W
R 16	18 kΩ/0,25 W
C 1	3,3 μF/16 V (Tantalperle)
C 2	25 μF/16 V (Tantalperle)
C 3	10 nF/100 V
C 4	47 μF/16 V
C 5	220 μF/16 V
C 6	1 μF/16 V
C 7/8	100 μF/16 V
C 9	1000 μF/25 V
T 1/2	40841 (MOS-FET, RCA)
T 3	BC 109 C oder BC 239 C o. ä.
+IC 1	CA 3086 (RCA) mit Fassung
+IC 2	CD 4528 (Dual-Monoflop, C-MOS) mit Fassung
+IC 3	12 V-Spannungsregler, z. B. μA 78 M 12, TDB 7812 T, 7812 oder ähnlicher für 500 mA
D 1	1 N4001
+RL	Relais für 12 V/180 Ω/1 Umschalter
GL	B 300250
NT	Trafo 220 V/12 V/250 mA
+Su	Sirene oder Summer für 12 V/20 mA
	1 Platine, 1 Gehäuse, 2 Skalenknöpfe, 1 Feinsicherung (0,1 A).

Bauteile, die mit einem „+" bezeichnet sind, können von der Firma RIM-Elektronik in München oder von der Firma Völkner-Elektronik in Braunschweig bezogen werden.

Wichtig: Das Gerät muß unbedingt geerdet werden!

Schaltung 5
Antiterror-50-Watt-Infraschall- bzw. Ultraschall-Leistungsgenerator (2 Hz bis 30 kHz)

Ultraschall – die „lautlose“ Waffe von morgen

Das Wort „Ultraschall“ kennt heute jeder. Damit meint man Schallwellen mit einer Frequenz, die oberhalb des Frequenzbereiches des menschlichen Gehörs liegt, also oberhalb 20 kHz. In vielen Bereichen der Technik verwendet man solche Ultraschallwellen: Bei Fernseh-Fernbedienungen, in der Medizin, bei Alarmanlagen, bei der Erzeugung von Emulsionen (Öl-Wasser-Gemische), in der Meßtechnik (Dicken-Messung von Materialien), bei Abstandsmessungen, bei Geschwindigkeitsmessungen, in der Weltraumfahrt und bei vielem mehr. Aber nicht nur in der Industrie setzt man Ultraschall ein, sondern auch bei militärischen Waffen. Eigentlich entdeckte man die verheerende Wirkung des Ultraschalles erst Jahre nach seiner ersten Anwendung. Natürlich ist dabei die abgestrahlte Leistung von entscheidender Bedeutung. Niemand wird natürlich beim Gebrauch einer „Ultraschall-Fernseh-Fernbedienung“ Gehörschäden bekommen. Bei einem Zahnarzt kann aber das schon anders aussehen. Einige Veröffentlichungen haben über Gehörschäden („Berufskrankheiten“) bei Zahnärzten und bei Flug-

Bild 1: „RAT-OUT“ – elektronischer Schutz gegen Ratten und Mäuse durch Ultraschall. Daten: ca. 35 kHz/90 dB/6 W, Reichweite ca 200 m^2.

zeug-Einweisern berichtet. Natürlich ist es schwer, solche Berichte zu kontrollieren, da ja physiologisch bedingt bei jedem Menschen im Alter das Gehör schlechter wird.

Viele Tiere besitzen ein Gehör, dessen Frequenzbereich bis weit in den Ultraschallbereich reicht. Diese Tiere hören also Ultraschall und können daher auf Ultraschalltöne hin abgerichtet werden. Ein Beispiel dafür ist die handelsübliche (Ultraschall-)Hundepfeife.

Vor noch nicht allzu langer Zeit fand ein englischer Forscher heraus, daß Ratten sich im Ultraschallbereich „äußern". Sie benutzen für das menschliche Ohr unhörbare (Ultraschall-)Schreie, sogar als tödliche Waffe gegeneinander. Eine wütende Ratte stößt in Abständen von nur 30 bis 60 Millisekunden spitze Schreie hervor. Der Gegner erstarrt, beginnt zu röcheln und stirbt schließlich. Während Hunde nur Frequenzen bis zu 24 kHz hören, nehmen Nager (z. B. Ratten) Frequenzen bis zu 35 kHz wahr. Bedingt durch das außerordentlich gute Hörvermögen der Ratten war daher auch bisher ihre Bekämpfung in Kellern sehr kompliziert.

Erst durch die Einführung eines blutgerinnungshemmenden Giftköders gelang es in Europa, ihre Expansion in den Griff zu bekommen. In letzter Zeit häufen sich aber aus England, Dänemark, Amerika und auch aus Deutschland die Berichte über Ratten, die gegen die Blutgerinnungshemmer bereits immun geworden sind.

Ultraschall – die Waffe gegen den Ratten-„Terror" (Bild 2)

Heute vertreibt man Ratten am besten mit Hilfe eines neuentwickelten Ultraschallgerätes, das in Kellerräumen, Getreidesilos, Stallungen und Warenhäusern Frequenzen bis zu 35 kHz und mit einer Intensität von 90 dB abstrahlt. Das Gerät „Rat-OUT" der Firma Genshofer ermöglicht eine 100%ige Bekämpfung der Ratten, indem es sie vertreibt. Sie verlassen ihr Gebiet und kehren nicht wieder. So kann man Tiere mit ihren eigenen Waffen

Bild 2: „RAT-OUT" mit 4 Ultraschall-Lautsprechern für die Rattenbekämpfung großer und winkeliger Räume.

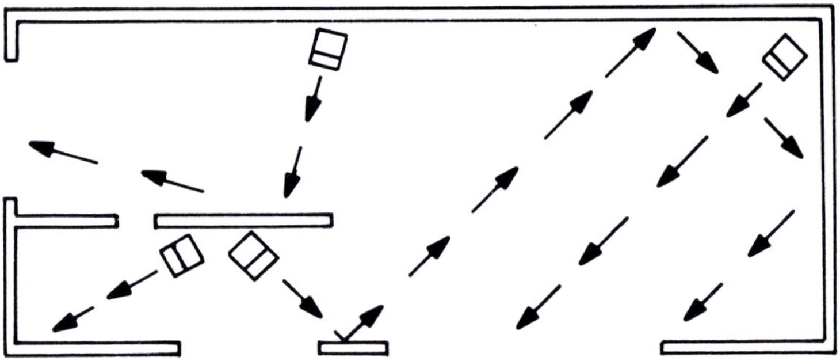

Bild 3: Anordnungsbeispiel der vier Ultraschall-Lautsprecher für die Ratten- und Mäusebekämpfung an getrennten Engstellen bzw. unterteilten Räumen.

bekämpfen. Hunde oder Katzen werden durch das Gerät „Rat-OUT“ in ihrem Wohlbefinden nicht beeinflußt, da sie ja nur bis 24 kHz hören. Auch Fledermäuse orientieren sich mit Hilfe des Ultraschalles und können in völliger Dunkelheit zwischen zwei eng nebeneinander verlaufenden, gespannten Drähten durchfliegen. Interessanterweise kann man sie durch zusätzlich abgestrahlte Ultraschallfrequenzen nicht irritieren. Bisher gelang es der Forschung noch nicht, dieses wahrscheinlich außerordentlich kompliziert arbeitende System genau zu ergründen.

Da das Gerät „Rat-OUT“ Ultraschall mit einer Leistung von ca. 2,5 bis 6 Watt abstrahlt, ist der Wirkungsbereich verhältnismäßig klein (ca. 200 m^2). Das Ultraschallgerät, das wir später noch beschreiben werden, hat dagegen eine Leistung von etwa 40 Watt und daher eine erheblich größere Reichweite. Allerdings sei hier ausdrücklich darauf hingewiesen, daß man bei Leistungs-Ultraschall-Versuchen stets die Ohren mit Schallschützern (wie sie auch von Pistolen-Schützen verwendet werden) schützen muß, damit später keine Gehörschäden eintreten. So erklärt es sich von selbst, daß auch der Ultraschall Gegenstand militärischer Forschungszwecke wurde: Man versucht, den Gegner mit ultrastarken Leistungs-Generatoren auszuschalten. Ultraschall wird als „lautlose“ Waffe von morgen verwendet werden.

Infraschall – die „lautlose“ Waffe von morgen (siehe Bilder 4 bis 6)

Während Ultraschall heute fast jeder kennt, ist die Bezeichnung „Infraschall“ noch sehr unbekannt. Man versteht darunter Schall mit einer Frequenz, die unterhalb des Frequenzbereiches des menschlichen Gehörs liegt. Es sind Schallwellen im Bereich zwischen 1 und 16 Hz. In Frankreich, England, Amerika und Rußland werden diese Frequenzen jetzt eingehend für das Militär

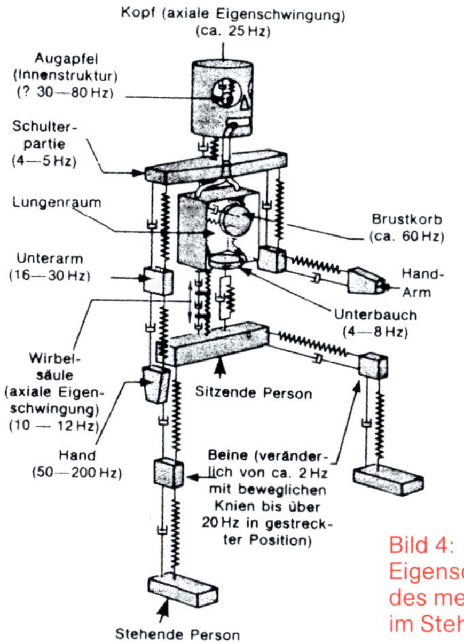

Bild 4:
Eigenschwingungen
des menschlichen Körpers
im Stehen.

erforscht. Entdeckt hat man die Wirkung des Infraschalles zufällig, als in einer Fabrik in Frankreich Arbeitern in einer Werkshalle dauernd übel wurde. Am Anfang dachte man an Lebensmittelvergiftungen, Sabotage und an einen getarnten Streik. Schließlich aber fanden dann Wissenschaftler heraus, daß man die Umdrehungszahl eines Ventilators ändern müsse, damit diese Symptome bei den Angestellten nicht mehr auftreten. Die Ursache war also Infraschall. Jahre später hat man dann auch herausgefunden, daß bei einer schnellen Autofahrt mit halbgeöffnetem Fenster niederfrequente Schwingungen entstehen, die auch das Wohlbefinden des Fahrers beeinträchtigen können. Im Innenraum eines mit 100 km/h fahrenden Kraftfahrzeuges wurden 95 bis 118 dB (Infraschall) gemessen. 25 Meter unter einer Autobahnbrücke maß man im Bereich von 10 bis 20 Hz Lautstärken von 84 bis 90 dB, einen Meter von einem Kompressor entfernt traten „lautlose" Schallwellen zwischen 80 und 115 dB auf. Infraschall wurde außerdem noch bei Wasserfällen, bei U-Bahn-Stationen, in langen Tunellen, in Eisenbahnen, bei Gewittern, bei Luftturbulenzen, bei Vulkanausbrüchen und bei Erdbeben registriert. Auch bei Pop-Konzerten werden sehr tiefe Frequenzen über den Erdboden zu den Zuhörern weitergeleitet. Da Infraschall bzw. langsame mechanische Schwingungen auf das Vegetativum des Menschen Einfluß nehmen, ist es nicht verwunderlich, daß so mancher Teenager in Ohnmacht fällt, wenn er diesen Frequenzen längere Zeit ausgesetzt ist. Das Wohlbefin-

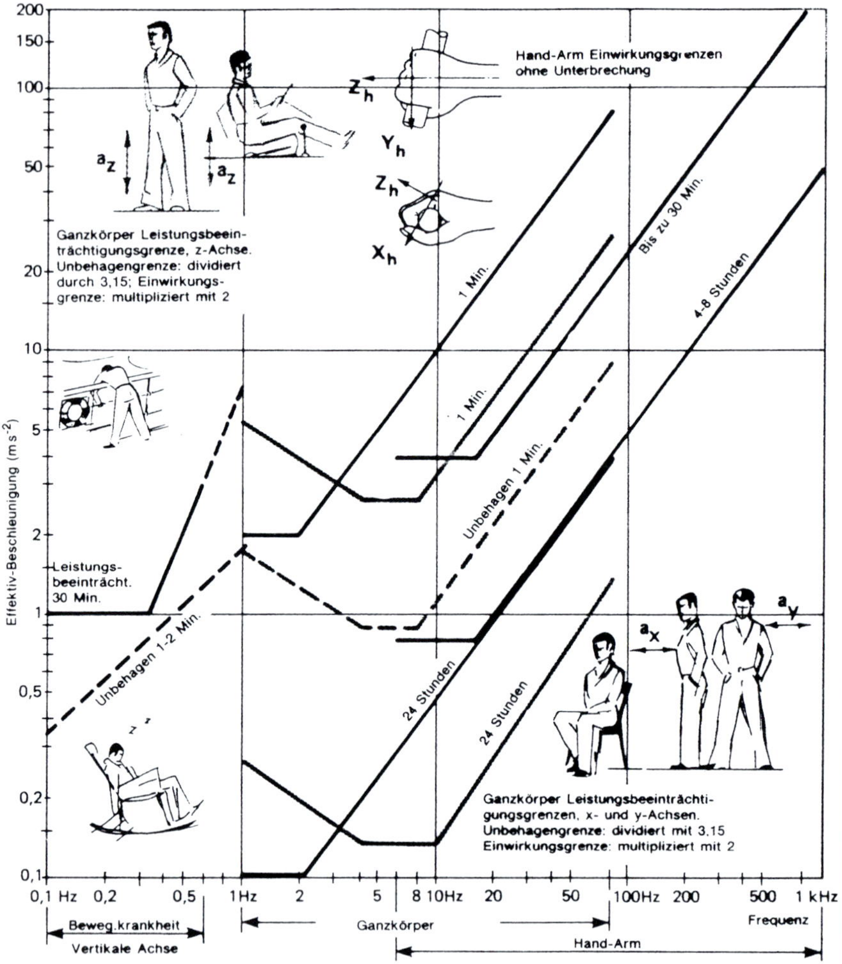

Bild 5: Diese Tabelle erklärt, wie sich mechanische Schwingungen auf das Wohlbefinden des Menschen auswirken. Daraus ist ersichtlich, daß bei mechanischen Schwingungen von 0,1 bis 0,4 Hz Menschen leicht seekrank werden. Mechanische Vibrationen bis ca. 18 Hz vermindern ebenfalls die Gemütslage eines sitzenden oder stehenden Menschen schon bei geringer Intensität.

den des Menschen wird nämlich durch ähnliche Frequenzen gesteuert: Delta-Gehirn-Wellen (0,5 bis 3 Hz) deuten auf einen traumlosen Schlafzustand beim Menschen hin. Theta-Gehirn-Wellen (3,5 bis 7 Hz) ermöglichen eine schöpferische Stimmungslage. Wenn ein Mensch völlig entspannt ist, kann man mit Hilfe eines EEG (Elektroenzephalograph) Alpha-Wellen (7 bis 13 Hz) im Gehirn nachweisen. Diese Frequenzen treten auch bei fehlender Aufmerksamkeit oder Konzentration auf. Im Gegensatz dazu erscheinen bei größter Konzentration, z. B. beim Lesen oder beim Rechnen, im EEG vermehrt Beta-Gehirn-Wellen (13 bis 15 Hz). Diese Aufzählung der verschiedenen Wellenarten soll verdeutlichen, daß auch Gehirnfunktionen durch Infraschall entscheidend gestört werden können.

Da also Infraschall das Wohlbefinden eines Menschen entscheidend beeinflussen kann, mußte auch die NASA bei der Konstruktion der „Saturn-5-Rakete" die Raumkapsel infraschallsicher konstruieren, damit nicht die Astronauten beim Start Infraschallschäden erfahren.

Manche Personen werden bei Schiffsreisen bei leichtem Seegang leicht seekrank. Dieses Phänomen hat man in Amerika erforscht und weiß nun, daß mechanische Schwingungen zwischen 0,1 und 0,4 Hz die Gemütslage des Menschen auch schon bei geringer Intensität entscheidend beeinträchtigt (Bild 4 a auf Seite 106, Tabelle der Firma Brüel & Kaejar).

Infraschall beeinflußt aber nicht nur Menschen, sondern auch Tiere. Störche registrieren niederfrequenten Schall, der durch die Meeresbrandung entsteht und benötigen ihn als Orientierungsgehilfe für den Flug über tausende Kilometer nach Südafrika.

Als „Luchs" unter den Fischen gilt der Kabeljau. Er „hört" mit zwei schwarzen Streifen an der Seite, in denen kleine Zapfen durch Vibrationen Infraschall aufnehmen. Der Fisch hört freilich nur Geräusche. Einzeltöne kann er nicht unterscheiden. Amerikanische Versuche, bei denen Fische angeblich auf einen bestimmten Ton zur Futteraufnahme dressiert wurden, gelten mittlerweile als zweifelhaft. Auch sind Versuche, Haie durch Infraschall von Badestränden abzuhalten, gescheitert. Auf der anderen Seite aber weiß man, daß Schlangen unmittelbar vor Erdbeben aus dem Winterschlaf aufwachen und ihre Zufluchtsstätten verlassen. Ob sie durch Infraschall gewarnt werden, wird noch erforscht. Bekannt ist aber auch, daß viele Tiere (Pferde, Hunde, Katzen usw.) knapp vor oder während eines Erdbebens Fluchtreflexe zeigen.

Viele Gärtner kennen das Problem der Maulwürfe und Wühlmäuse. Hier bietet sich der Infraschall geradezu an: Forschungen haben ergeben, daß man diese Tiere mit niedrigen Frequenzen vertreiben kann und daß man auf giftige Substanzen verzichten kann. Infolge der großen Wellenlänge breiten sich die Wellen auch im Erdboden gut aus. Die Tiere fühlen sich durch Infraschall gestört und übersiedeln in ruhigere Gebiete. In diesem Fall erzeugt

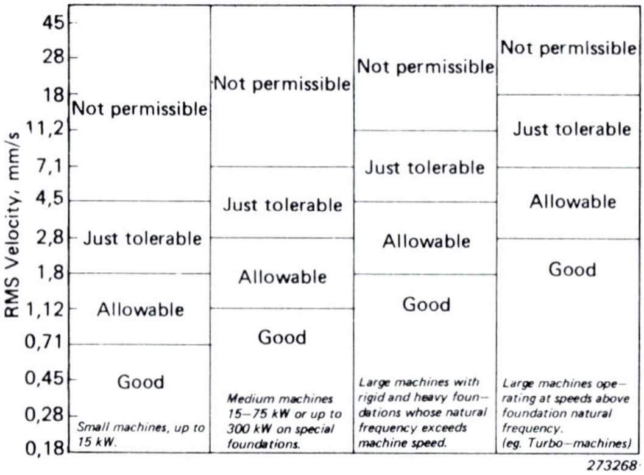

Bild 6: Vibrations-Kriterien für rotierende Maschinen: Diese Tabelle zeigt, welche Vibrationen für Arbeiter an rotierenden Maschinen noch toleriert werden können.

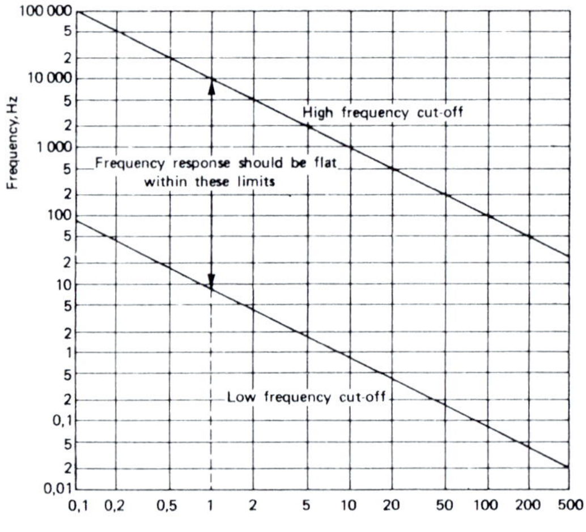

Bild 7: Frequenz-Schock-Kurve: Diese Tabelle erklärt, welche Frequenzen von einem Menschen wie viele Millisekunden lang ertragen werden können. Bei Autounfällen, bei Detonationen bzw. Explosionen werden diese Werte bei weitem überschritten und bewirken bei Mensch und Tier Fluchtreaktionen und Schockzustände, da die Nebenniere Adrenalin in die Blutbahn absondert. Die Blutgefäße werden enggestellt, schließlich tritt unter Umständen ein Kreislaufversagen ein, und die betroffene Person erliegt einem Herzversagen.
Die Tabelle zeigt weiter, daß auch niedrige Frequenzen (2 Hz) für Lebewesen gefährlich werden können.

man diese niedrigen Frequenzen mit Schwingmotoren, die man in einen 2 Meter tiefen Bodenkasten montiert. Die Versorgungsspannung beträgt 220 V/0,5 A. Die Firma Italvibras G. Silingardi, Via Spallanzani 12, in 41049 Sassuolo (Modena), Italien, bietet solche Schwingungsmotoren in verschiedenen Ausführungen an. Kürzlich hat die Firma Windhager in Salzburg, Leitmeritzstr. 2, das Infraschall-Gerät „Vole-Run" vorgestellt, das einfach in den Boden des Gartens gesteckt wird und durch unterirdische Schallwellen auf einer Fläche von 1200 m^2 Wühlmäuse vertreibt. Die Batterien von „Vole-Run" müssen nach ca. 6 Monaten gewechselt werden.

Das gesamte Problemfeld des Infraschalles ist fast in allen Gebieten, in denen er angewandt werden könnte, sträflich vernachlässigt worden. Durch den nachfolgenden Schaltplan bekommt der interessierte Leser die Möglichkeit, auf dem Gebiet des Infraschalles selbst Forschungen anzustellen. Eines ist jedoch sicher, daß man mit 50-Watt-Generatoren keine tödlich wirkende (lautlose) Waffe herstellen kann, da in jedem Lautsprecher nur ein geringer Teil der elektrischen Energie in mechanische Schwingungen verwandelt wird.

Untersuchungen durch Mitarbeiter des Essener Instituts mit einem neuen Gerätetyp haben ergeben, daß selbst in ruhigen Wohngebieten die Nachtruhe nur scheinbar ist. Es wurden nämlich in den Schlafzimmern vieler Personen Infraschallwellen zwischen zwei und vier Hertz festgestellt. Die Intensität der Frequenzen lag durchschnittlich bei 60 dB. Man vermutet, daß viele Schlafstörungen darauf zurückzuführen sind. Infraschall ist also vielerorts anzutreffen. Leider jedoch besitzt der Mensch dafür kein Sinnesorgan. Nur wenige fundierte wissenschaftliche Untersuchungen haben sich bisher mit den Auswirkungen von Infraschall auf den Menschen beschäftigt. Dennoch liegen schon einige Ergebnisse vor!

Die Raumfahrtbehörde NASA fand heraus, daß lärmgewohnte Personen höchstens 2 Minuten lang mit maximal 150 dB Infraschall belastet werden dürfen. Beim Überschreiten dieser Grenze treten vielfältige Mißempfindungen auf, so Hautkribbeln, gerötete Haut, Husten, würgendes Atmen, Schmerzen beim Schlucken und Übelkeit. Wenn man noch größere Infraschallintensitäten auf eine Person einwirken läßt, kann schließlich sogar der Tod infolge eines irreversiblen Kreislaufkollapses eintreten. Diese neue „lautlose Waffe" wird nun in Ost und West bereits erprobt und gebaut. In diesem Fall wird der Infraschall in langen Röhren (33 m) mit Hilfe eines Flugzeugmotors erzeugt. Bei einer Leistung von ca. 10000 Watt ist es möglich, jeden Menschen im Umkreis von ca. 7 km zu töten! Die erzeugte Frequenz muß natürlich mit der Länge des Betonrohres genau übereinstimmen:

Wellenlänge (in Metern) = $\frac{333}{\text{Frequenz}}$; Bei einer Frequenz von 10 Hz muß die

Betonröhre also 33,3 Meter lang sein. Wegen der großen Wellenlänge des Infraschalls kann man sich auch kaum durch herkömmliche Schallisolierungen vor derartigen Frequenzen schützen. Je größer die Wellenlänge, desto geringer ist auch die Absorption in der freien Natur. Diesen Effekt benützen bereits die Ureinwohner verschiedener Länder, um Nachrichten mit Hilfe einer Trommel zu übermitteln.

Kürzlich berichteten mehrere Zeitschriften, daß man daran denkt, Infraschall bei Massendemonstrationen anzuwenden. Vielleicht gehören dann Wasserwerfer der Vergangenheit an.

Einige Firmen forschen bereits an einer idealen Diebstahlsicherung: Sobald jemand z. B. in ein Wochenendhaus einbricht und eine Infrarot-Lichtschranke durchschreitet, beginnt ein spezieller Lautsprecher Infraschall mit einer Intensität von ca. 120 bis 140 dB abzustrahlen. Schon nach Minuten wird dem Einbrecher übel. Dadurch wird er unfähig, Diebesbeute zu machen. Er wird nur noch versuchen, möglichst rasch die unwirtliche Gegend zu verlassen.

Bei der Herstellung dieser Einbruchsdiebstahlsicherung gibt es aber noch zwei Probleme zu lösen:

Manche Gebäude schwingen noch mit niedrigen Frequenzen nach und können daher erst später betreten werden. Weiterhin ist es außerordentlich schwer, niederfrequente Schwingungen großer Intensität über Lautsprecher abzustrahlen. Dabei kann es nämlich passieren, daß die Lautsprechermembrane Schaden erleidet.

Bei der Erprobung dieser neuen „Infraschall-Einbruchsdiebstahlsicherung" verwendete man den größten Lautsprecher der Welt (Durchmesser ca. 1 m), nämlich den „Baß-Lautsprecher, Modell 60 Watt" der Firma „Elektro-Voice, S. A., CH-2560 Nidau, Römerstraße 3", der bei 16 Hz ca. 119 dB leistet (Bild 9). Da für die Montage dieses imposanten Lautsprechers bei der Verwendung als Infraschallgenerator eine enorm große Lautsprecherbox erforderlich ist, half man sich einfach dadurch, daß man den Baß-Lautsprecher in einen Mauerdurchbruch zwischen zwei Räumen montierte. Dadurch ersparte man sich einerseits eine teure Lautsprecherbox und hatte andererseits den Vorteil, daß gleich zwei Räume durch Infraschall geschützt werden konnten.

Nebenbei soll auch erwähnt werden, daß diese Baß-Lautsprecher in dem Film „Das Erdbeben" verwendet wurden, um Horroreffekte zu erzeugen.

Da dieser Lautsprecher sehr teuer ist, ist es sehr fraglich, ob Einbruchsicherungen dieser Art sich in Zukunft durchsetzen werden. Forschungen in diese Richtungen sind noch nicht abgeschlossen. Der interessierte Leser kann diesen Lautsprecher in München von der Firma Radio-RIM auf Bestellung beziehen. Es ist aber fraglich, ob eigene Versuche zu dem gewünschten Erfolg führen und ob sich diese enorme Investition lohnt.

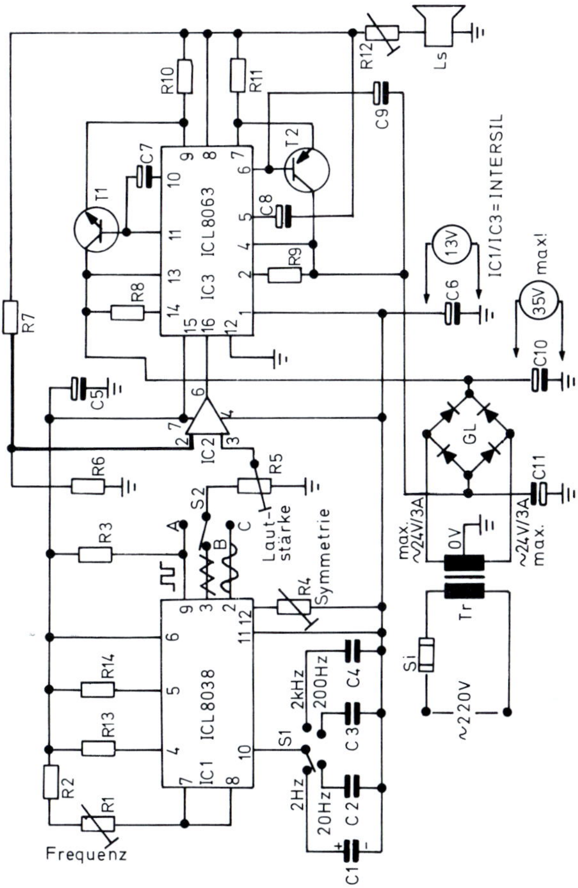

Bild 8: 50 Watt-Infraschall- bzw. Ultraschall-Leistungs-Generator
2 Hz bis 30 kHz.

Antiterror-50-Watt-Infraschall- bzw. Ultraschall-Leistungs-Generator (2 Hz bis 30 kHz)

Bild 1 zeigt einen Schaltungsvorschlag der Firma INTERSIL. Dieser Generator hat den Vorteil, daß er mit verschiedenen Spannungen (±35 Volt bis ±15 Volt) betrieben werden kann. Manche Widerstandswerte müssen der jeweiligen Versorgungsspannung angepaßt werden.

Versorgungsspannung	R 8 bzw. R 9
±30 V	1 MΩ/1 W
±25 V	680 kΩ/1 W
±20 V	500 kΩ/1 W
±15 V	300 kΩ/1 W

Die Ausgangsleistung dieses Generators kann durch die Widerstände R 10 und R 11 festgelegt werden.

Ausgangs-spannung	R 10/11 = 0,4 Ω (25°C)	R 10/11 = 0,68 Ω (25°C)	R 10/11 = 1 Ω (25°C)
24 V	3 A	1,7 A	1,2 A
12 V	2,4 A	1,4 A	0,9 A
0 V	1,7 A	0,7 A	0,7 A

Durch diese Maßnahme kann man Lautsprecher vor Überlastungen schützen. Für den Anschluß eines Piezo-Horntweaters (Piezo-Hochton-Lautsprechers) empfiehlt die Herstellerfirma einen Vorwiderstand (R 12) zu verwenden. Wenn man einen Tieftöner an den Ausgang der Schaltung anschließen will, muß man eine Frequenzweiche vor den Lautsprecher Ls schalten. Außerdem muß man sich bei der Verwendung eines Tieftöners bei der Herstellerfirma genau erkundigen, welche Sinus-Leistungen abgestrahlt werden dürfen. Meistens sind diese speziellen Lautsprecher sehr teuer. Sie finden aber bei Pop-Konzerten Verwendung.

Weiters sei nochmals darauf hingewiesen, daß man bei der Verwendung dieses Generators als „Ultraschall-Kanone" unbedingt Ohrenschützer tragen muß, wenn eine Abstrahlleistung über 116 dB (20 kHz bis 30 kHz) erzielt wird. Bei Nichtbeachtung können sich Gehörschäden und Übelkeit einstellen. Obwohl diese Tatsachen bekannt sind, spielt man in vielen Diskotheken Musik mit voller Lautstärke. Heute sind Hörschäden bei Pop-Musikern längst

Bild 9: Ultraschall-Leistungslautsprecher; Piezo-Horntweeter, Typ „PH-8". Läßt sich praktisch an jede Verstärkeranlage oder an jede Lautsprechergruppe bis maximal 312 Watt (!) in beliebiger Anzahl ohne Frequenzweichen anschließen. Praktisch nicht zerstörbar, da ohne Magnet, Schwingspule und Membran ausgeführt. Stromdurchflossene Kristalle ermöglichen enorme Leistung.

Maximale Anschlußspannung:	35 V
Frequenzbereich:	3500 bis 40000 Hz ± 2 dB
Belastbarkeit:	bei 2 Ω = 312 W
	bei 4 Ω = 156 W
	bei 8 Ω = 78 W
	bei 16 Ω = 39 W
Korbabmessungen:	85 mm x 85 mm
Befestigungslöcherabstand:	71 mm x 71 mm
Bauhöhe:	74 mm
Gewicht:	75 kg
Bezugsquellen:	Radio-RIM, D-8000 München 1, Schillerstr. 23a. Völkner-Elektronik, 3300 Braunschweig, Postfach 5320

bekannt. So spielten die Rolling Stones bei einem Konzert mit rund 1 Million Watt! Die Obertöne der Musik, die in diesem Fall auch noch von speziellen Lautsprechern abgestrahlt wurden, führten dann bei vielen Leuten zu gesundheitlichen Veränderungen.

Mit unserem Gerät soll dem Leser lediglich die Möglichkeit geboten werden, Nagetiere (Ratten bzw. Mäuse) in großen Räumen zu verscheuchen!

Vielleicht stellt man auch eines Tages solche Geräte am Rand von Straßen auf, die den Wald durchqueren, und verhindert damit gefährliche Autounfälle mit dem Wild!

Diese Anwendung wäre sicherlich sehr sinnvoll. Natürlich muß man dabei die jeweilige Hörgrenze des betreffenden Tieres beachten. Wenn man Ratten in

Kellern verscheuchen will, wird man Frequenzen um 30 kHz wählen. Hunde und Katzen werden natürlich durch solche Frequenzen nicht beeinflußt, da sie nur bis ca. 25 kHz hören.

Wirkungsweise der Schaltung

Der integrierte Schaltkreis IC 1 produziert Dreieck-, Rechteck- und Sinusspannungen. Wenn der Wert von C 4 ein wenig verkleinert wird, kann der Generator ohne weiteres Frequenzen bis zu 35 kHz erreichen. Die jeweilige Frequenz wird mit dem Potentiometer R 1 fein und mit dem Schalter S 1 grob eingestellt. Die Symmetrie der Ausgangsfrequenz läßt sich mit R 4 und einem Oszillographen einstellen. Die Stellung von R 5 bestimmt die Ausgangsleistung des Endverstärkers. Bei der Anfertigung bzw. der Herstellung der Platine muß man beachten, daß die Leitung von Pin 2 des IC 2 zum Widerstand R 7 (im Schaltplan fett gezeichnet) möglichst kurz sein soll, da sonst unerwünschte Schwingungen auftreten können. IC 2 dient als Buffer. Der integrierte Schaltkreis IC 3 besitzt eine interne Spannungsstabilisierung: Pin 15 = + 13,7 V; Pin 1 = − 13,7 V gegen Masse. Über diese Ausgänge werden IC 1 und IC 2 mit Spannung versorgt. Die Ausgangsspannungen an Pin 11 und Pin 6 werden mit Hilfe der Transistoren T 1 und T 2 verstärkt, die unbedingt auf ein Kühlblech montiert werden müssen, um nicht Schaden zu erleiden. Außerdem sei darauf hingewiesen, daß bei Frequenzen um 10 kHz bis 30 kHz die Ausgangsleistung des Generators kleiner wird, da der Ausgangswiderstand der Schaltung (ohne R 10 und R 11) bei Frequenzen ab 10 kHz sinkt (0,2 Ω) und bei einer Frequenz von ca. 30 kHz bereits 0,6 Ω beträgt. Bei der ausschließlichen Verwendung des Generators als Ultraschallgenerator kann man daher die Widerstände R 10 und R 11 noch kleiner halten, als es in der Stückliste angegeben ist.

Bild 10: Baß- bzw. Infraschall-Lautsprecher der Firma „Elektro-Voice". Daten: 16 bis 200 Hz; Impedanz 5 bis 8 Ω; Leistung 60 W; Gepulste Leistung 150 W. Bezugsquelle: Fa. Elektro-Voice, CH-2560 Nidam, Römerstraße 3.

Stückliste der Schaltung 5

R 1/4/5	Poti 100 kΩ/0,5 W lin.
R 2	500 Ω/1 W
R 3	15 kΩ/1 W
R 6	1 kΩ/1 W
R 7	10 kΩ/1 W
R 8/9	1 MΩ/0,5 W/siehe auch Anmerkungen!
R 10/11	0,4 Ω/5 W/ siehe auch Anmerkungen!
R 12	Draht-Einstellregler mit Mittelabgriff 250 Ω/20 W
R 13/14	12 Ω/0,5 W
C 1	1 µF/35 V
C 2	100 nF/35 V
C 3	10 nF/35 V
C 4	1 nF/35 V
C 5/6	1 nF/25 V
C 7/8/9	1 nF/55 V
C 10/11	10 000 µF/50 V
Si	Sicherung 220 V/2 A
T 1	2N3055 auf Kühlblech 10 x 10 cm
T 2	2N3791 auf Kühlblech 10 x 10 cm
GL	B100C5000 auf Kühlblech 5 x 5 cm
IC 1	Intersil ICL 8038 mit Fassung
IC 2	Siemens TBA 221 oder LM 741 mit Fassung
IC 3	Intersil ICL 8063 mit Fassung
Ls	Hochton-Lautsprecher z. B. Piezo-Horntweeter, Typ PH 8 (erhältlich bei Radio RIM in München oder bei Firma Völkner-Elektronik in Braunschweig) Daten: 4 kHz bis 30 kHz, belastbar bis 320 Watt bei 2 Ω Anschluß ohne Frequenzweiche aber mit Vorwiderstand! *Oder:* Tieftonlautsprecher (mit Frequenzweiche) 180 W sinus/4 bis 8 Ω, 10 bis 5000 Hz, in Lautsprechergehäuse, 108 dB (siehe Text)
Tr	Trafo 220 V, 2 x 24 V, 3 A max.
S 1	Stufenschalter 1 x 4 Kontakte
S 2	Stufenschalter 1 x 3 Kontakte

Schaltung 6

Antiterror-Spion mit vielen anderen Anwendungsmöglichkeiten:

**Fußboden-Vibrationsmelder bei Einbrüchen,
Erdbebenwarngerät mit hoher Empfindlichkeit,
Vibrations-Auto-Diebstahlsicherung mit Warnton,
Betriebsanzeige für vibrierende Geräte,
Klatschschalter mit hoher Empfindlichkeit,
Straßenüberwachungsgerät,
Kombinationswarngerät für Fußboden-Vibration und für Lärm,
Durchflußanzeige-Autodiebstahlsicherung,
Rotationsanzeige,
Telefon-Zweit-Klingel,
Positionsmelder,
Haustür-Klopf-Anzeige,
Ultraschall-Empfänger,
Lärmanzeige bzw. Phonmeter,
Betriebsanzeige für Leichtöl-Zentralheizungen,
NF-Anzeige,
Klopfmelder bei Einbrüchen durch Mauern,
Ultraschall-Schranke.**

Funktion der Schaltung (Bild 1)

Dieser Antiterror-Spion kann für viele Zwecke verwendet werden. Da alle Bauteile der Schaltung leicht erhältlich sind, steht dem Nachbau nichts im Wege. In Minutenschnelle kann diese Schaltung von einem auf den anderen Verwendungszweck durch das Anschließen eines anderen NF-Impulsgebers (Ta) an den Eingang E umgestellt werden.

Die Schaltung besteht aus einem NF-Verstärker, an den eine abfallverzögerte Verstärkerstufe (= 1. Teil) angeschlossen ist und aus einem NF-Generator (Teil 2).

Das Eingangssignal gelangt über den Koppelkondensator C1 zu Pin 2 des Operationsverstärkers IC1. Der Kondensator C3 hat die Aufgabe, Schwingungen zu unterdrücken und hohe Frequenzen abzuschwächen. Die enorm verstärkte Eingangsspannung gelangt über C4 zu den Dioden D1 und D2. Die beiden Dioden richten die Spannung gleich. Die Größe von C5 bestimmt die Abfallverzögerung des Relais RL. Soweit funktioniert der 1. Teil des Anti-Terror-Spions. Sobald der Relaiskontakt K geschlossen ist, bekommt der IC2 Strom zugeführt, der astabile Multivibrator beginnt zu schwingen, und aus dem Kleinlautsprecher LS ertönt ein Warnton (Teil 2). Die Empfindlichkeit der Grundschaltung läßt sich mit dem Einstellregler R4 bestimmen.

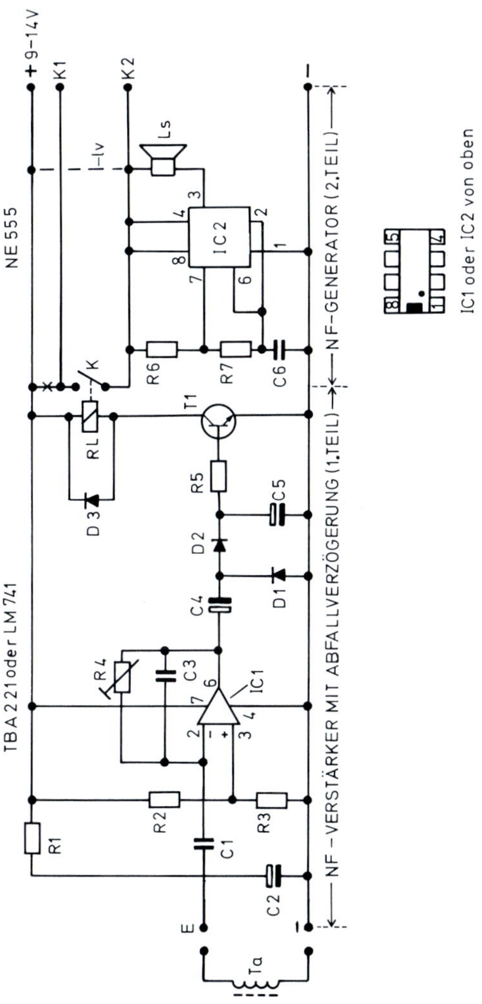

Bild 1: „Antiterror-Spion“ mit vielen anderen Verwendungsmöglichkeiten.

Bild 2: „Antiterror-Spion“ – Platinenaufbau.

Im folgenden soll nun auf die verschiedenen Anwendungsmöglichkeiten des Antiterror-Spions eingegangen werden.

Vibrations-Melder bzw. Vibrations-Diebstahlsicherungen

Mit einer steigenden Arbeitslosigkeit nehmen heute Wohnungseinbrüche in einem erschreckenden Maß zu. Viele Urlauber sichern daher besonders in den Sommermonaten Wochenendhäuser mit Infrarot-Lichtschranken, teuren Bewegungsmeldern, die leider noch sehr störungsanfällig sind (Insekten!), Radaranlagen und Positionsmeldern ab. Der Buckingham-Palast bzw. die Residence der englischen Königin wird durch einen hohen „Radarzaun“ von Einbrechern abgeschirmt. Diese Einbruchsdiebstahlsicherungen sind allerdings sehr teuer. Solche Anlagen bürgen allerdings für das, was in Prospekten versprochen wird. Der „Normalverbraucher“ wird sich aber sicherlich nicht solch teure Geräte anschaffen. Vibrationsmelder sind nämlich auch äußerst wirkungsvoll. Sobald ein Einbrecher oder Terrorist sich an einem ungebetenen Ort aufhält, spricht ein Vibrationsindikator an und meldet den ungebetenen „Besuch“. Zu diesem Zweck kann man z. B. die Sensoren von Bild 3, 8, 9 und 10 verwenden. Die billigste Lösung, um Fußboden- oder Parkettbodenschwingungen zu registrieren, kann mit Hilfe eines Lautsprechers, der mit einem doppelseitig beschichteten Klebeband am Fußboden in einer Zimmerecke festgeklebt wird, erfolgen. Wenn man den Papier-Schalltrichter des Lautsprechers teilweise entfernt und die Metallmembran im Zentrum des Lautsprechers beläßt, spricht der „Lautsprecher“ nur mehr auf Bodenvibrationen an. Macht der Einbrecher nur einen Schritt in den gesicherten Raum, spricht das Relais RL an, und Alarm ertönt. Wenn man aber die Papiermembran des Lautsprechers nicht entfernt, spricht der so geschaffene Sensor sowohl auf Raumgeräusche als auch auf Bodenvibrationen an.

Bild 3: (Klein-)Lautsprecher 8 Ω bis 150 Ω/0,25 W. Auch Lautsprecher, deren Membran beschädigt ist, wie dies bei diesem der Fall ist, können verwendet werden.

Bild 4: KDM-Durchfluß-Impulsgeber mit zwei (!) Anschlußstiften. Daten: Ausgang sinusförmige Wechselspannung (bei 1,5 Ltr./h = 1,5 mV); Meßbereich: 0,025 Ltr./min. bis ca. 200 Ltr./h; Bezugsquelle: Firma Völkner-Elektronik in D-3300 Braunschweig, Postfach 53 20.

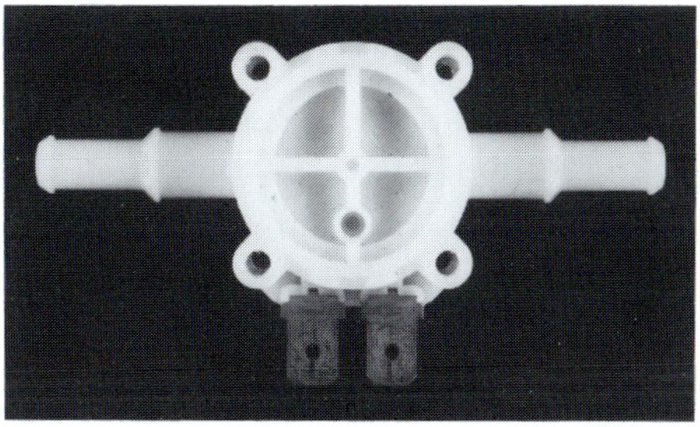

Bild 5: Piezo-Horntweeter (Hochtöner) Typ „PH-8" (Hochton-Super-Horn). Daten: 4 kHz bis 30 kHz ± 2 dB; maximal 312 W sinus! Bezugsquelle: Firma Völkner-Elektronik in D-3300 Braunschweig, Postfach 53 20.

Wenn man an den Eingang der Schaltung einen Piezo-Hochtöner (Bild 5) anschließt, erhält man einen sehr empfindlichen Klatschschalter oder einen Lärmindikator. Als Fußboden-Vibrations-Melder ist dieser Piezo-Hochtöner weniger geeignet. Dafür aber registriert er besonders höhere Frequenzen (4 kHz bis 30 kHz, also auch Ultraschall) und kann daher auch als Ultraschall-Sensor eingesetzt werden.

Andere Meßmöglichkeiten mit Hilfe des Antiterror-Spions

Wenn man ein Kristallmikrofon an die Innenseite der Haustüre mit einem Klebeband befestigt, erhält man eine „Haustür-Klopf-Anzeige". Der Betrieb von lauten Motoren kann so überwacht werden. Durch das Anschließen eines „VDO-Tachowellen-Impulsgenerators", kann man sich eine Autodiebstahlsicherung bauen, aber auch Motore überwachen. Wenn an den Eingang der Grundschaltung ein KDM-Durchflußmesser angeschlossen wird, kann die Leicht-Öl-Zentralheizung kontrolliert werden. In die Kraftstoffleitung eines Kfz's eingebaut, signalisiert der KDM-Durchflußmesser, wenn ein Dieb Benzin verbraucht. So kann man einen Autodieb bluffen. Sobald der Dieb das Kfz in Betrieb nimmt, beginnt z. B. der Autoradio-Lautsprecher einen Sinuston abzustrahlen und irritiert den Fahrer. Das Relais RL muß dann allerdings zwei Umschalter aufweisen, die entweder mit dem Autoradio oder mit der Benzin-Durchfluß-Auto-Diebstahlsicherung in Verbindung stehen.

In diesem Fall muß zwischen Pin 3 (IC 2) und dem Autoradio-Lautsprecher ein Widerstand 50 Ω/0,5 W eingefügt werden, da der Autoradio-Lautsprecher nur 8 Ω hat.

Wenn man einen Telefonadapter mit Saugnapf am Telefonapparat, in der Nähe der Telefon-Glocke befestigt, erhält man eine „Telefon-Zweit-Klingel". Auch NF-Wechselspannungsfelder können mit einem Telefonadapter erfaßt werden.

Auch eine Ultraschall-Schranke läßt sich nach dem Grundschaltplan aufbauen. Zu diesem Zweck wird die Verbindungsleitung lv (im Bild 1 strichliert gezeichnet!) mit K 2 verbunden und die Leitung +9–14 V an der mit einem X gekennzeichneten Stelle unterbrochen. Nun arbeitet der IC 2 dauernd. R 6 wird gegen einen 1-kΩ-Widerstand, R 7 gegen einen 25-kΩ-Einstellregler, C 6 gegen einen 1-nF-Kondensator und der Lautsprecher Ls gegen einen Piezo-Horntweeter vom Typ „PH-8" ausgetauscht. An den 1. Teil der Schaltung (E,–) schließt man ebenfalls einen „Piezo-Horntweeter" vom Typ „PH-8" an. Die beiden Ultraschallgeräte müssen gegenüber (1 m Abstand) angeordnet sein. Sobald nun ein Einbrecher diese Ultraschall-Schranke unterbricht, fällt das Relais RL ab und gibt (im Schaltplan bzw. Bild 1 nicht eingezeichnet) über den Relaisruhekontakt Alarm. Selbst über einen „Magnetempfindlichen Schalter SAS 221" kann man mit Hilfe dieser Grundschaltung starke Magnetfelder erfassen und registrieren.

Bild 6: Miniatur-Kristallmikrofon.

Bild 7: Miniatur-Kristall-Kopfhörer.
Bezugsquelle: Radio-RIM, D-8000 München 1, Schillerstr. 23a.

Mit diesen Ausführungen soll der Leser die Möglichkeit erhalten, sich vor Terror zu schützen. Sicherlich sind hier nicht alle Anwendungsmöglichkeiten dieser einfachen Schaltung erwähnt worden. Daher soll abschließend noch darauf hingewiesen werden, daß an den Eingang dieser Schaltung praktisch jedes aktive Bauelement angeschlossen werden kann. Dadurch werden sich in Zukunft noch sicherlich viele neue Anwendungsmöglichkeiten dieser Schaltung ergeben. Es lohnt sich diese Schaltung aufzubauen!

Erdbebenmessungen bzw. selektive Vibrationsmessungen

Der Wunsch mancher Amateur-Elektroniker besteht oft darin, geringste Erdbeben selbst registrieren zu können. Dafür gibt es selbstverständlich fertige Geräte, die enorm teuer und daher nur für Fachleute interessant sind. So ver-

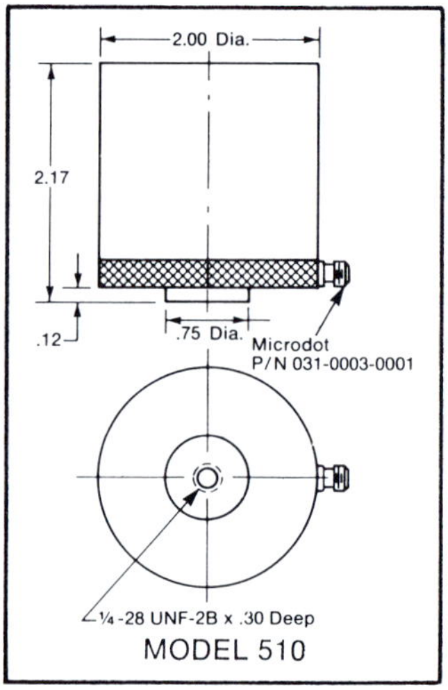

Bild 8: Seismic, Modell 510 (Seismograph) der Firma BBN.
Daten: 0,1 Hz bis 100 Hz, Impedanz: 1,5 kΩ, Preis: ca. 2500,– DM.
Bezugsquelle: Firma Laborex, Stuwerstraße 1–3, A-1020 Wien.

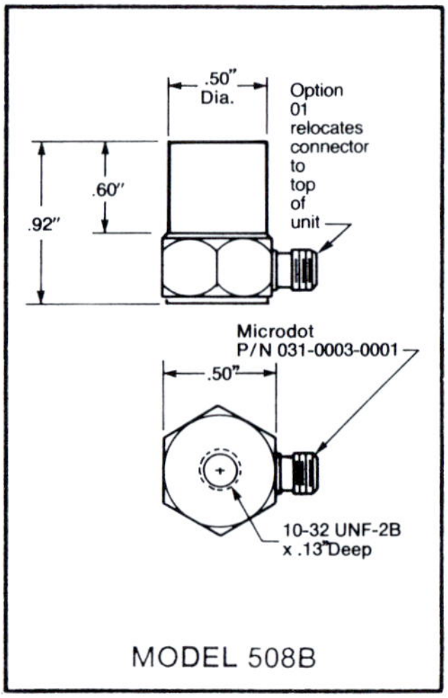

Bild 9: General Purpose, Low Cost, Modell 508 B der Firma BBN.
Daten: 3 Hz bis 15 kHz, Impedanz: 1,5 kΩ, Preis: ca. 800,– DM.
Bezugsquelle: Firma Laborex, Stuwerstraße 1–3, A-1020 Wien.

Bild 10: Digital-Grade-Geophone, Modell SM-4 der Firma Sensor. Daten: 5 Hz bis ca. 600 Hz, Impedanz: 75 Ω (oder 375 Ω). Bezugsquelle: Firma Sensor-Nederland B. V., Scheepmakersstraat 22, The Hague-Holland. Dieses Gerät mißt Erdvibrationen bzw. Erdbeben.

Bild 11: „VDO-Tachowellen-Frequenzgenerator" wird zwischen die Antriebswelle eines KFZ's eingefügt. Sobald sich die Antriebswelle dreht, entsteht am Ausgang eine sinusförmige Wechselspannung. Bestellnummer bei der Firma „VDO" 340.811/003, Preis: ca. 35,– DM. Bezugsquelle: VDO-Austria, Flachgasse 54, A-1150 Wien 15.

wendet z. B. die „Hohe Warte" (Zentralanstalt für Geodynamik und Geometrie) in Wien Erdbebensensoren der Firma BBN, die sehr frequenzspezifisch (siehe Bilder 8, 9, 10) arbeiten, dafür aber sehr teuer sind. Der ultrasensible „Mini-Seismograph" (Typ SM–4) der Firma Sensor ist jedoch wesentlich preisgünstiger. Er ist wasserdicht, niederohmig und besitzt einen ca. 6 cm langen Dorn, der direkt in den Erdboden gesteckt werden kann. Dieses Gerät reagiert sogar auf 5 Hz bis ca. 600 Hz. Auch lange Zuleitungen beeinflussen die Meßergebnisse kaum. Alle bisher genannten Sensoren reagieren aber nur auf vertikale Schwingungen. Mit ihnen kann man also selektive Vibrationsmessungen durchführen, da sie nicht durch Lärm beeinflußt werden. Selbst als Autodiebstahlsicherung eignen sich diese Geräte. Sobald der Motor startet und „zittert", ertönt die Alarmsirene. Auch die Inbetriebnahme von Maschinen kann kontrolliert werden. Soll das Durchstemmen von Mauern von Einbrechern registriert werden, so muß man diese Sensoren im Winkel von 90° zur Mauer oder zur Decke fixieren. Wenn man diese Sensoren in der Nähe (bzw. unter einem Telefonapparat) anbringt, erhält man eine „Telefon-Zweit-Klingel". Auch Kinderzimmer können überwacht werden. Wenn man den Sensor SM-4 in der Nähe einer Straße in den Erdboden steckt, kann man vorbeifahrende Fahrzeuge registrieren.

Die Empfindlichkeit des Digital-Grade-Geophon SM-4 ist unwahrscheinlich hoch: Der SM-4-Sensor sprach sogar auf das Fallenlassen einer Zigarette aus 1 m Höhe auf den Fußboden an. Der SM-4 war bei diesem Versuch auf einem Eßtisch montiert. Die Zigarette wurde in einem Abstand von 1 m vom Sensor aus 1 m Höhe auf den Fußboden fallengelassen. Dieser Versuch ist sehr eindrucksvoll und soll den Grad der Empfindlichkeit dieses SM-4-Sensors demonstrieren.

Bild 12: Telefonadapter, Impedanz ca. 2 kΩ.

Stückliste der Schaltung 6

R 1	1,5 kΩ/0,5 W
R 2/R 3	10 kΩ/0,5 W
R 4	Einstellregler 2,5 MΩ/0,5 W
R 5	1,2 kΩ/0,5 W
R 6	15 kΩ/0,5 W
R 7	56 kΩ/0,5 W
C 1	330 nF/16 V
C 2/C 4	100 µF/25 V
C 3	150 pF/16 V
C 5	10 µF bis 50 µF/16 V
C 6	22 nF bis 33 nF/16 V
IC 1	LM 741 oder TBA 221 (Siemens) mit Fassung
IC 2	NE 555 mit Fassung
T 1	BC 238B oder 2N1711
D 1 bis D 3	1N4007 o. ä.
RL	Relais für 12 V/ca. 200 bis 300 Ω/1 bis 2 Umschalter
Ls	Kleinlautsprecher, Impedanz ca. 50 Ω, Durchmesser ca. 6 cm
Ta	siehe Text und Bilder 3 bis 12

Schaltung 7

Agenten-Auto-Code-Tipp-Schloß

Das Zündschloß im Auto ist oft nicht sicher genug. So berichtete kürzlich eine Illustrierte, daß geschickte Autodiebe in Italien nur mehr 10 Sekunden für die Inbetriebnahme eines Kfzs benötigen. Der abgezogene Kfz-Zündschlüssel bietet keine Sicherheit mehr, da Diebe entweder die Zündung mit Kabeln überbrücken oder sogar einen nachgebauten Ersatzzündschlüssel für das „Knacken" eines Autos verwenden. Mehr Sicherheit garantiert ein zusätzliches „Tasten-Tipp-Schloß". Nur wenn man hier eine bestimmte 4-stellige Zahl in der richtigen Reihenfolge eintippt, kann man den Motor starten.

Dieses Sicherheitsschloß besteht aus einer zehn oder besser aus einer zwölfteiligen Tastatur. Zwei (rote und grüne) LEDs D 3 und D 4 signalisieren den Zustand OFFEN oder ZU des „Schlosses". Die Tasten Ta 0 bis Ta 9 oder Ta 0 bis Ta 11 (bei Verwendung zusätzlicher Rückstelltasten) werden mit den beiden Kontrolleuchten D 3 und D 4 in ein Gehäuse eingebaut. Dieses Tastenfeldgehäuse kann man über oder unter dem Armaturenbrett im Auto befestigen. Von diesem Gehäuse führt ein mehrpoliges Flachbandkabel zur Hauptschaltung, die man am besten im Motorraum unterbringt. Der Relaiskontakt K soll am besten in Serie zum Starterstromkreis geschaltet werden. Man kann in diesem Fall das Auto nur mehr starten, wenn das „Schloß" bzw. das Relais RL angezogen ist. Die Schaltung selbst bezieht ihren Strom direkt aus der Batterie.

Die Schaltung ist so konzipiert, daß man zuerst die Taste Ta 1, dann die Taste Ta 9, dann die Taste Ta 8 und schließlich die Taste Ta 4 einmal betätigen muß, um starten zu können. Dann leuchtet die grüne LED D 3 auf, das Relais RL zieht an, und das Starten des Kfzs ist möglich. Erst wenn man eine der Tasten Ta 3, 2, 5, 6, 7, 0 (10, 11) betätigt, fällt das Relais wieder ab, und der Startvorgang wird unmöglich gemacht. Im Prinzip verfügt die Schaltung also nur über zwei Funktionszustände: OFFEN oder ZU (= Starten ist möglich oder Starten ist unmöglich).

Wenn die Reihenfolge des Tasten-Tippens nicht eingehalten wird, werden die J-K-R-S-Flip-Flops (IC 2 und IC 3) wieder in die Ausgangsposition gesetzt z. B. wenn man eine falsche Zahl eintippt: Ta 1, Ta 9, Ta 8, Ta 2. Wenn man in der Schaltung die Ausgänge $\overline{Q}$ mit den Eingängen K verbindet, spricht das jeweilige Flip-Flop nur 1mal an und verharrt dann in der „umgekippten" Position. Es ist dann also gleichgültig, ob man z. B. eine Zahl 1, 1, 1, 9, 9, 8, 4 oder nur die Zahl 1, 9, 8, 4, eintippt. Wenn man die gestrichelten Verbindungen nicht verbindet, wird die Schaltung beim Eintippen von 1, 1, 1, 9, 9, 8, 4 nicht reagieren. Es bleibt dem Leser überlassen, zu welcher Version er sich entscheidet. Für den Autobesitzer mag vielleicht die erste Version (gestrichelte Linien verbinden) besser sein.

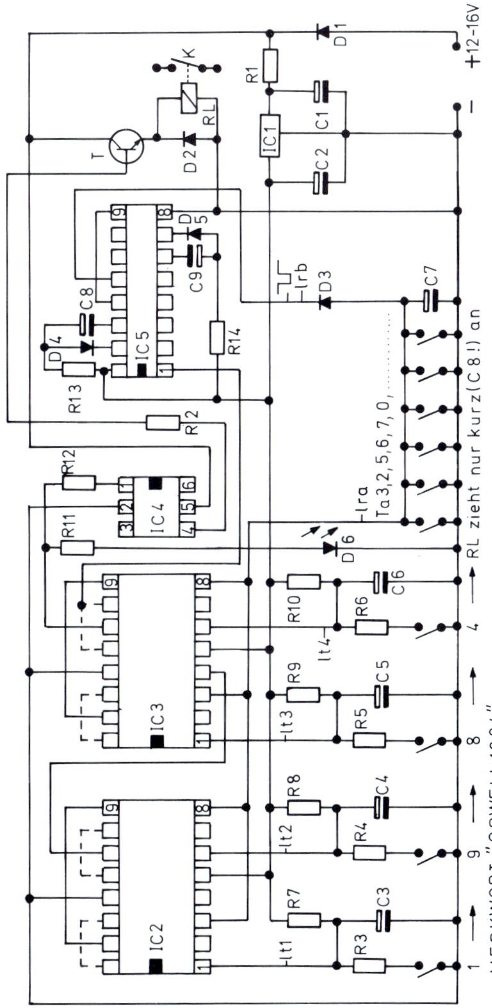

Bild 1: Agenten-Auto-Code-Tipp-Schloß (ICs von oben gesehen).

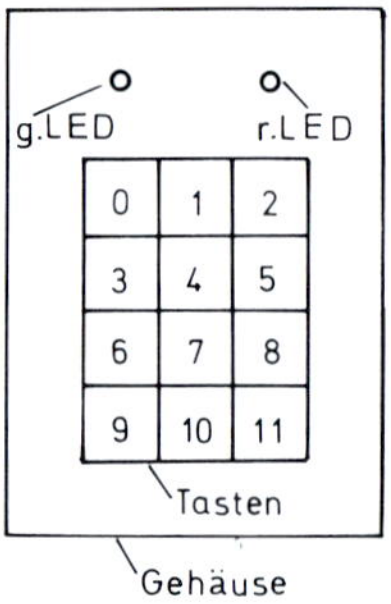

Bild 2: Tastenfeld für das Agenten-Auto-Code-Tipp-Schloß.
Das selbstgebaute Tastenschloß kann an jeder beliebigen Stelle im Auto – unter oder über dem Armaturenbrett (Bild 4) oder in der Konsole über dem Kardantunnel – befestigt werden. Tüftler können die Tastatur auch direkt in das Armaturenbrett einbauen und die Schaltung in einem separaten Kasten dahinter montieren.

Funktion der Schaltung

Wie schon früher erwähnt wurde, reagiert die Schaltung nur, wenn eine bestimmte Tastendruckfolge eingehalten wird. Diese Funktion wird am besten im Bild 3 deutlich. Sobald das 1. Flip-Flop (IC 2/1) umgekippt ist, wird über den Ausgang Q der J-Eingang des 2. Flip-Flops vorbereitet. Wenn man nun die Taste Ta 9 drückt, kann auch dieser Flip-Flop (IC 2/2) umkippen. IC 3/2 würde, wenn man nun schon die Taste Ta 4 betätigt, nicht reagieren, da ja der J-Eingang von IC 3/2 noch nicht vorbereitet ist. Es muß also, wie man sieht, immer der jeweilige J-Eingang des Flip-Flops vorbereitet (H-Potential) sein, wenn es über den T-Eingang zum Umkippen veranlaßt werden soll. Sobald nun z. B. die Zahl 1, 9, 8, 4 eingegeben ist, wird der Q-Ausgang vom integrierten Schaltkreis IC 3/2 (Pin 11) auf H-Potential liegen, der Optokoppler IC 4 schaltet durch und steuert über R 13 den Transistor T an. Dieser schaltet durch, das Relais RL zieht an, und der Kontakt K schließt sich so lange, bis man wieder eine der Tasten Ta 3, 2, 5, 6, 7, 0 (10, 11) betätigt. Dann werden über die Leitung Ir die Flip-Flops vom IC 2/IC 3 wieder in die Grundstellung gebracht. Dieser Vorgang kann auch mit Hilfe eines doppelten Zeitgebers IC 5 (im Prinzip-Schaltplan fett eingezeichnet!) erfolgen, wie wir es bei der nächsten Schaltung besprechen wollen. Für das Auto kommt so ein „vollautomatischer Rückstellvorgang bzw. eine vollautomatische Verriegelung nicht in Frage, da ja das Starten im Winter oft längere Zeit in Anspruch nimmt und man dann immer wieder z. B. nach 10 sec. die Zahl 1, 9, 8, 4 erneut eingeben müßte, um starten zu können.

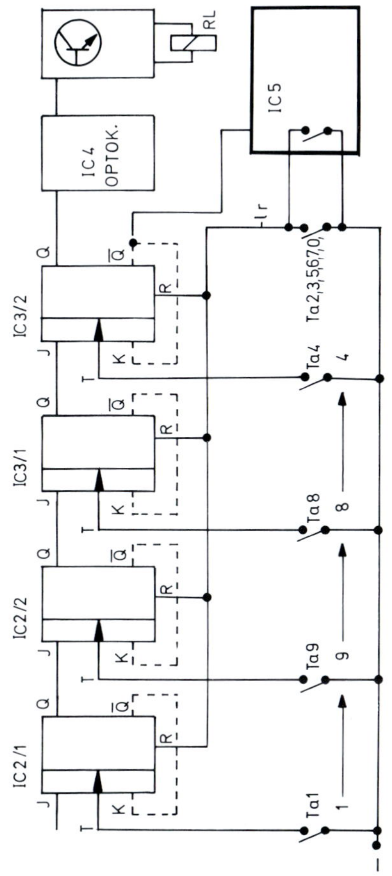

Bild 3: Prinzip-Schaltplan des Agenten-Code-Schlosses. Öffnungszahl: 1984.

Selbstverständlich bleibt es dem Leser überlassen, welche Tastenwahl er für das „Tipp-Schloß" wählt. Wir haben als Merkwort den Titel des Romans „1984" und den Namen seines berühmten Urhebers Orwell gewählt, der in diesem Roman vor vielen Jahren unter anderem technische Erfindungen des Jahres 1984 beschrieben hat.

Bild 4: Montage des Tastenfeldes am Armaturenbrett.

Stückliste der Schaltung 8

R 1	10 Ω/5 W
R 2, R 7 bis R 10	1 kΩ/0,5 W
R 3 bis R 6	100 Ω/0,5 W
R 11, R 12	560 Ω/0,5 W
R 13, R 14	47 kΩ/0,5 W
C 1	250 µF/25 V
C 2	100 µF/6 V
C 3 bis C 7	10 µF/6 V
C 8	150 µF bis 2500 µF/6 V (je nach Zeit)
C 9	1 µF/6 V
D 1 bis D 5	1N4007
D 6	1 grüne LED
T	2N1711 o. ä.
IC 1	5-Volt-Spannungsregler z. B. 7805 mit Kühlblech
IC 2, IC 3	SN 7476 mit 16-poliger Fassung
IC 4	Optokoppler 4N28 o.ä.
IC 5	SN 74123 mit 16-poliger Fassung
RL	1 Bosch- oder Siemens-Autorelais für 12 V/ca. 150 Ohm/ mit 1 Umschalt-Kontakt mit ca. 10 Ampere
Ta 0 bis Ta 9	10 oder mehr quadratische Flachtaster mit Printanschlüssen
Ferner	1 Flachkabel für die Verbindung mit dem Tastenfeld (Ta 0 bis Ta 9) 7- bis 10-polig; 1 Gehäuse für das Tastenfeld, 1 Gehäuse für die Schaltung, Flachstecker, Leiterplatte

Schaltung 8

Agenten-Büro-Code-Tipp-Schloß mit automatischer Verriegelung nach einigen Sekunden

Die Zeit ist nicht mehr allzu fern, in der der herkömmliche Zylinderschloßschlüssel der Vergangenheit angehören wird, da der Mißbrauch – durch das einfache Schlüssel-Kopieren bedingt – jährlich enorm zunimmt. Auch bei der Wohnungstüre wird die Elektronik in Zukunft angewendet werden. Tasten- bzw. -Code-Schlösser oder Magnetkarten, wie sie bei der Pariser U-Bahn (Metro) bereits verwendet werden, werden bald überall eingesetzt. In Amerika gibt es bereits Hotels, in denen Magnetkarten den herkömmlichen Zimmerschlüssel ersetzt haben. Auch wenn ein Gast bei der Abreise „vergißt", seine Magnetkarte abzugeben, da er einen späteren Einbruch in das gleiche Zimmer plant, nützt ihm diese „alte" Magnetkarte nichts mehr. Der nachfolgende Gast erhält vom Hotelportier eine neue Magnetkarte, die zuerst den alten Code mit dem neuen Code vergleicht und anschließend das Magnetkartenschloß auf den neuen Code umstellt. Dieser Vorgang erfolgt beim ersten Verwenden der neuen Magnetkarte. Kurz gesagt: Ein neuer Gast, eine neue Magnetkarte, ein neuer Türöffnungscode. Sobald das Schloß auf den neuen Code umgestellt ist, spricht das Magnetkartenschloß auf die alte Magnetkarte nicht mehr an. Sicherlich wäre es sehr interessant, so eine Schaltung aufzubauen, sie läßt sich aber leider nur mit speziellen ICs aufbauen.

Leider gibt es dieses Magnetkartensystem noch nicht für den Einzelverbraucher in Europa zu kaufen. Daher wollen wir hier nur ein Agenten-Büro-Code-Tipp-Schloß, an das ein elektrischer Türöffner angeschlossen wird, beschreiben. Der Unterschied zur vorher beschriebenen Schaltung liegt nur darin, daß nach dem richtigen Eintippen einer vierstelligen Zahl (1, 9, 8, 4,) das Relais RL nur einige Sekunden angezogen bleibt. Diese Dauer wird durch den Kondensator C 8 bestimmt. Je größer er ist, desto länger bleibt der Kontakt K (nach dem richtigen Eintippen der Zahl 1, 9, 8, 4,) geschlossen. Gleichzeitig leuchtet auch die grüne LED D 6 auf. Sobald das Relais abfällt, werden die J-K-R-S-Flip-Flops vom IC 2/IC3 wieder in die Ausgangsposition über die Diode D 3 zurückgesetzt. Nun ist das Schloß wieder betriebsbereit. Das „Zusperren" bei dieser Anlage erfolgt also automatisch mit Hilfe des Doppel-Timers IC 5. Die Tasten Ta 0–Ta 9 (wenn noch mehr Rückstelltasten verwendet werden, die Tasten Ta 0-Ta 11) werden, wie vorher beschrieben, in einem kleinen Gehäuse untergebracht, daß man dann vor die Wohnungstüre (Bürotüre, Garagentüre, Gartentüre) montiert.

Bei falscher Tastenwahl bleibt das „Schloß" geschlossen, da ja die Ziffern der Zahl und ihre Reihenfolge stimmen müssen. Beim Vertippen kann man eine der Rückstelltasten Ta 3, Ta 2, Ta 5, Ta 6, Ta 7, Ta 0 (Ta 10, Ta 11,) drücken. Dadurch wird das Code-Schloß wieder in die Ausgangsposition gesetzt.

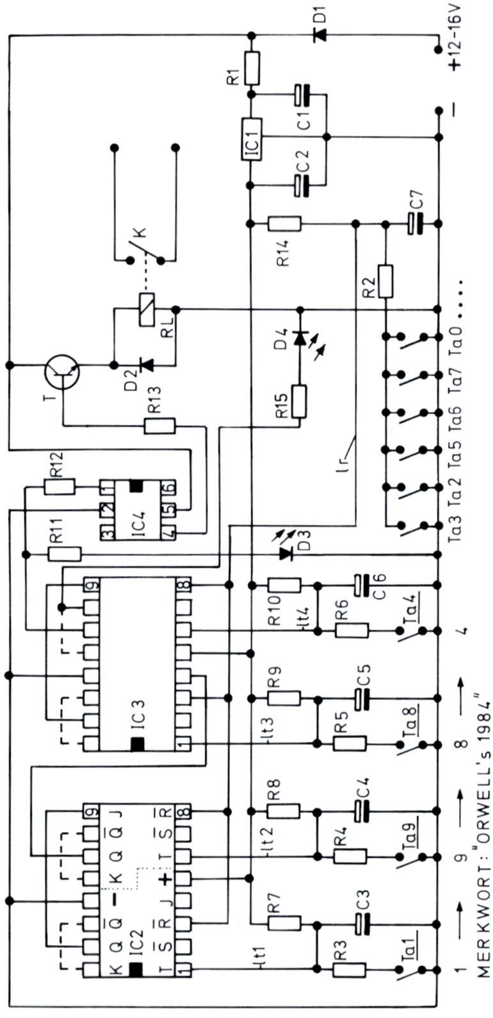

Bild 1: Agenten-Büro-Schloß (ICs von oben gesehen) mit automatischer Verriegelung nach einigen Sekunden (= abhängig von der Größe von C8). Schaltung kann auch für das Öffnen von Garagentoren, Gartentüren, Wohnungstüren etc... in Kombination mit einem elektrischen Türöffner verwendet werden.

Bild 2: Montage des Tastenfeldes vor der Wohnungstür.

Stückliste der Schaltung 7

R 1	10 Ω/5 W
R 2 bis R 6	100 Ω/0,5 W
R 7 bis R 10, R 13, R 14	1 kΩ/0,5 W
R 11, R 15	860 Ω/0,5 W
R 12	560 Ω/0,5 W
C 1	250 μF/25 V
C 2	100 μF/6 V
C 3 bis C 7	10 μF/6 V
T	2N1711
D 1, D 2	1N4007 o. ä.
D 3	1 grüne LED
D 4	1 rote LED
IC 1	5-Volt-Regler mit 0,5 bis 1 A, z. B. 7805 mit Kühlblech
IC 2, IC 3	SN 7476 mit Fassung
IC 4	Optokoppler, z. B. 4N28 o. ä. mit Fassung
Ta 0 bis Ta 9	10 oder mehr quadratische Flachtaster mit Printanschlüssen
RL	1 Bosch- oder Siemens-Autorelais für 12 Volt/ca. 150 Ω/1 Schließer für ca. 20 Ampere
Ferner	1 Flachkabel für die Verbindung mit dem Tastenfeld (Ta 0 bis Ta 9...) 7- bis 10-polig; 1 Gehäuse für das Tastenfeld, 1 Gehäuse für die Schaltung, Flachstecker für die Relaiskontakte, Leiterplatte

Schaltung 9

Einbrecher-Verscheuchungs-Anlage für Wohnungen oder Wechselstrom-Spion für 12 V-220 V/3 A mit Parallelbetrieb eines Stromkreises

Diese Schaltung funktioniert ähnlich wie der Gleichstrom-Spion. Sobald an den Ausgang der Schaltung (A 1/E 2) ein Gerät angeschlossen wird, fällt an den gegenläufig gepolten Dioden D 1–D 16 (Anschlüsse E 1–A 1) eine Wechselspannung von 8 x 0,85 = 6,8 Volt ± ab. Diese wird über den Brückengleichrichter Gl gleichgerichtet, durch den Kondensator C geglättet und schließlich den Anschlüssen 3+ und 4– des Relais (Optokoppler-Triac-Relais) RL zugeführt. Wenn am Steuerkreis des Relais RL eine Spannung von 3–32 Volt anliegt, schaltet der relaisinterne Triac durch und schließt den Lampenstromkreis. Die Glühbirne L (minimaler Stromverbrauch 50 mA, maximaler Stromverbrauch 2,5 A) leuchtet auf und bleibt solange eingeschaltet, wie das Gerät an den Ausgang der Schaltung angeschlossen ist.

Das Gerät dient also zur Fernüberwachung von Wechselstromverbrauchern und kann vielfältig eingesetzt werden. Wenn man diese Schaltung in die Stromzuführung des Kühlschrankes einfügt, kann man unbewohnte Wohnungen „bewohnt" erscheinen lassen: Jedesmal, wenn sich der Kühlschrank einschaltet, leuchtet in einem Zimmer – in unregelmäßigen Abständen – eine Lampe auf.

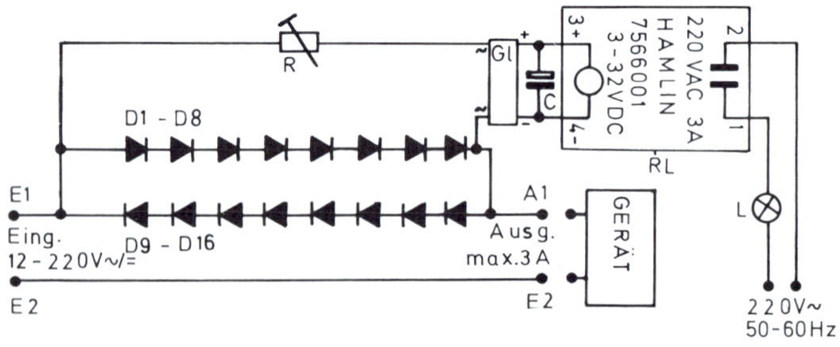

Bild 1: Wechselstrom-Spion (12 bis 220 V/3 A); bei Verwendung als Gleichstrom-Spion können 8-Serien-Dioden weggelassen werden (D 1bis D 8 oder D 9 bis D 16).

Stückliste der Schaltung 9

D 1 bis D 16	Dioden 3 A/400 V mit Kühlkörper (Kühlsternen), 1N5404, 1N5405, 1N5406
GL	B40C1000
C	100 µF/16 V
RL	Hamlin-Solid-State-Relais 7566001 (Fa. Hamlin, Friedberger Straße 124, D-6368 Bad Vilbel bei Frankfurt/M.) (Fa. Hamlin-Vertretung in Österreich: Fa. ELTRONA Ges.m.b.H., A-1195 Wien, Hammerschmidtgasse 11–13)
R	Einstellregler 500 Ω/0,5 W für Empfindlichkeit der Schaltung

Schaltung 10

SOS-Sender im Schuhabsatz: Ohne Hände ein- und ausschaltbar bei Entführungen

Zwei oder mehrere Leibwächter waren bisher der einzig wirksame Schutz vor Entführungen von Menschen. Dennoch haben Beispiele in der Vergangenheit gezeigt, daß auch diese Maßnahme nicht ausgereicht hat. Außerdem beziehen Leibwächter, die mit Pistolen ausgezeichnet umgehen können und auch in Karate ausgebildet sind, enorme Gehälter, so daß nicht jeder in der Lage ist, sich einen solchen Schutz auf Dauer zu leisten. Bisher war es für die Polizei fast unmöglich, entführte Personen zu finden. Hohe Lösegeldzahlungen waren dann meistens die Folge.

Mit diesem Beitrag soll ein völlig neues Peilgerät vorgestellt werden, das ohne Hände – nur durch das Aneinander-Vorbeischieben der Füße – aus- und eingeschaltet werden kann. Auch wenn der Entführte an den Beinen gefesselt wird, schaltet sich der Peilsender im Schuhabsatz ein. Die Postbehörde kann dann jederzeit mit Hilfe eines Hubschraubers oder eines Peilwagens den Entführten wieder finden.

Der Problem dieser Anlage bestand darin: Wie kann man einen Peilsender jederzeit im rechten Schuhabsatz ein- und ausschalten, ohne daß dazu die Hände nötig sind? Ferner sollte auch dieser Mechanismus von außen nicht sichtbar und vor Feuchtigkeit geschützt sein.

Die Lösung: Der Einschaltmechanismus für den Mini-Peil-Sender im Schuhabsatz besteht aus zwei Teilen. Im linken Schuhabsatz (auf der rechten Seite) werden zwei starke Stabmagnete in Serie hintereinander angeordnet. Der vordere Magnet 1 wird mit Nord-Süd-Polung und der hintere Magnet 2 wird mit Süd-Nord-Polung – im Schuhabsatz – untergebracht. Zwischen den beiden Stabmagneten liegt ein Abstand von ca. 1 cm. Im rechten Schuhabsatz befindet sich in Höhe des Magnet 1 ein bistabiler Reed-Kontakt. Dieser Reed-Schalter hat die Eigenschaft, Nord-Süd- und Süd-Nord-Polungen zu unterscheiden. Hat er z. B. einmal eine Nord-Süd-Polung bekommen, so bleibt er solange eingeschaltet, bis auf ihn eine Süd-Nord-Polung einwirkt. Wenn man nun den linken Schuhabsatz langsam von vorn nach hinten an dem rechten Schuhabsatz vorbeiführt, so bekommt der Reed-Kontakt K zuerst die Information „Aus“ vom Magnet 2 und anschließend die Information „Ein“ vom Magnet 1. Dadurch schließt der bistabile Reed-Kontakt K und bleibt auch eingeschaltet, wenn keine Magnetkräfte mehr auf ihn wirken. Der Transistor T öffnet und versorgt den Peilsender mit Strom. Wenn man den Peilsender wieder ausschalten will, muß man den linken Schuhabsatz von hinten nach vorn beim rechten Schuhabsatz vorbeiführen. Eine ca. 50 bis 70 cm lange Antenne kann in Form eines schwarzen Drahtes in der Rille zwischen Ober-Schuh und Sohle angebracht werden.

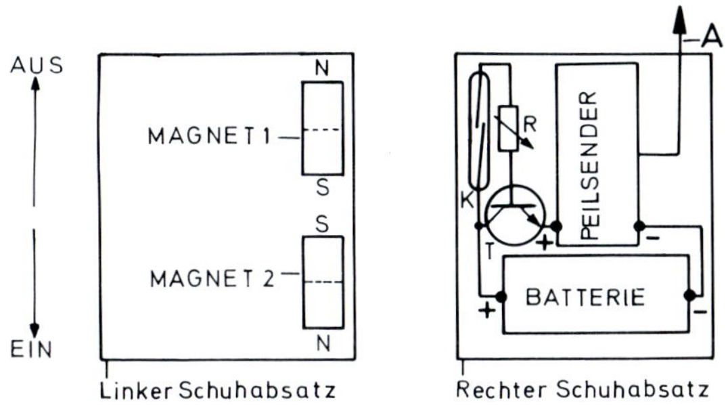

Bild 1: SOS aus dem Schuhabsatz: Ohne Hände ein- und ausschaltbar.

Mini-Peil-Sender beschreibt Günter Wahl im Buch „Mini-Spione III", Topp 135/136, Frech-Verlag, Stuttgart.

Stückliste der Schaltung 10

1	Mini-Peilsender (Schaltplan im Buch „Mini-Spione III" von Günter Wahl, TOPP-Bücherei 135/136, Frech-Verlag, Stuttgart)
1	Mallory-Batterie
2	Stabmagnete 3 cm x 7 mm x 7 mm
T	1 Transistor, z. B. BC 140
R	Einstellregler 500 bis 1000 Ω/0,5 W
K	Bistabiler Reed-Kontakt: Hamlin-Miniatur-Latching-(Haft-)Reedschalter MSLS-2 (Firma Hamlin Elektronics GmbH, D-6368 Bad Vilbel bei Frankfurt/M., Friedberger Straße 124)

Schaltung 11

Geräuschanalysator
Tonselektiver Schalter FX 701P oder frequenzselektiver Mono- bzw. Frequenzspion mit 3 Ausgängen für Tiefpaß, Bandpaß oder Hochpaß 1 Hz bis 10 kHz

Frequenzselektive Schaltungen, die mit großer Genauigkeit arbeiten, konnte man bis vor kurzem nur schwer realisieren. Der neue tonselektive Schalter FX 701P der Firma Ginsbury reagiert auf Frequenzen zwischen 1 Hz und 10 kHz. Sobald eine Sinus- oder Rechteck-Frequenz am Eingang (Pin 7) anliegt, entscheidet der FX 701P, ob die Eingangsfrequenz über f1, zwischen f1 und f2, oder unter f2 liegt. Diese Funktion wird durch das Bild 2 deutlicher. Der integrierte Baustein funktioniert also wie ein Tiefpaß, Bandpaß oder Hochpaß. Die Frequenzen f1 und f2 können zwischen 1 Hz und 10 kHz frei mit Hilfe von R1/C1 und R2/C2 gewählt werden (siehe Formel bei Bild 1). Man kann z. B. f1 mit 100 Hz und f2 mit 99 Hz festlegen. Dadurch erhält man einen sehr schmalen Bandpaß. Ebenso kann man aber auch f1 mit 100 Hz festlegen und f2 mit 5 Hz einstellen. Dann würde man einen breiten Bandpaß erhalten. Die gewählte Frequenz f2 darf max. 1 % bis 95 % unter der Frequenz f1 liegen. Dies garantiert das einwandfreie Funktionieren des FX 701P (siehe Bild 2).

Das Durchschalten der Ausgänge 9, 10 und 11 des FX 701P ist abhängig von der Eingangsfrequenz f_{in} und verläuft dementsprechend verzögert ab

($T_s = \frac{8}{f_{in}}$).

Dieser Vorgang wird durch Bild 3 veranschaulicht.

Wenn die Eingangsfrequenz f_{in} plötzlich unterbrochen wird, schalten die Ausgänge des FX 701P verzögert aus ($T_{fs} = 0{,}6 \cdot Rx \cdot Cx$). Diese Ausschaltverzögerung der Ausgänge kann also mit Hilfe von Rx und Cx (innerhalb von Bruchteilen von Millisekunden bis zu mehreren Sekunden) bestimmt werden (siehe Bild 3). Wenn der Schalter U2 umgeschaltet wird, werden alle Ausgänge (Pin 9, 10, 11) invertiert. Der Schalter U1 ist nicht unbedingt erforderlich und soll nur zur Demonstration für den Anschluß einer LED (= D4) dienen. Selbstverständlich kann man an die anderen Ausgänge (Pin 9, 10, 11) über Vorwiderstände Lumineszenzdioden – nach dem Muster D4/R9 – anschließen. Dadurch kann man auch eine Art „Frequenz-Verkehrs-Ampel" mit einer roten, gelben und grünen LED aufbauen, die darüber Auskunft gibt, ob die Eingangsfrequenz f_{in} über f1, zwischen f1 und f2, oder unter f2 liegt.

Mit dem FX 701P lassen sich unzählige frequenz-kritische Schaltungen realisieren.

An den Eingang der Schaltung können mehrere Meßsonden angeschlossen werden. Dadurch können verschiedene Geräte gebaut werden.

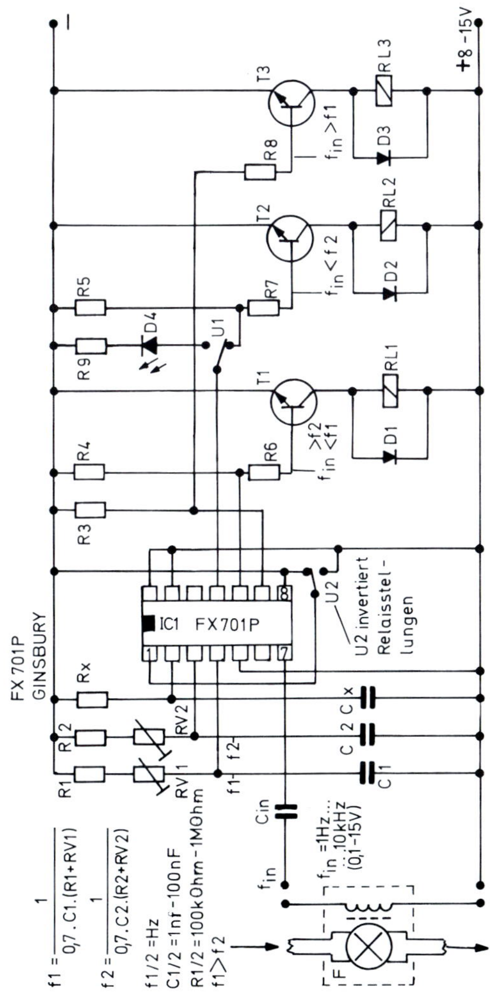

Bild 1: Tonselektiver 3fach Mono- (mit Abfallverzögerung) bzw. Frequenzspion, auch verwendbar als Sprachschalter, Babywächter, Geräuschanalysator, Geschwindigkeitsmesser, Durchflußüberwacher, Magnetfeldwächter, Stimm-analysator.
Die Abfallverzögerung kann mit der Formel $T_{f(sec)} = 0{,}6 \cdot R_x \cdot C_x$ berechnet werden.
R_x = in k (100 k–500 k); C_x = in uF (keine Begrenzung)
Die Ansprechzeit nach Anlegen von f_{in} ist $T_s = \frac{8}{f_{in}}$ in sec.
Frequenz f2 muß 1 % bis 95 % unter der Frequenz von f1 liegen,
z. B. f1 = 95 Hz, f2 = 1 Hz = max.; f1 = 95 Hz, f2 = 94,05 Hz = min.

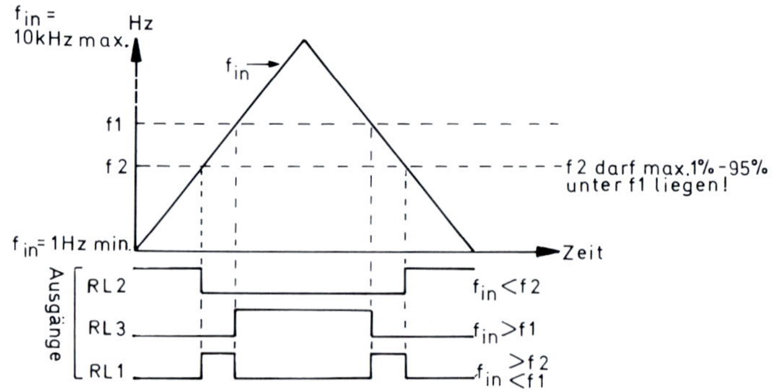

Bild 2: Funktion des tonselektiven monostabilen IC-Schalters FX701P: Sobald die Eingangsfrequenz f_{in} über f1, zwischen f1 und f2 oder unter f2 liegt, zieht entweder RL3, RL1 oder RL2 an. Wenn Pin 1 des FX701P (Fa. Ginsbury, D-8012 Ottobrunn, Ahornstraße 10) auf Minus-Potential liegt, werden die Relaisstellungen umgekehrt.

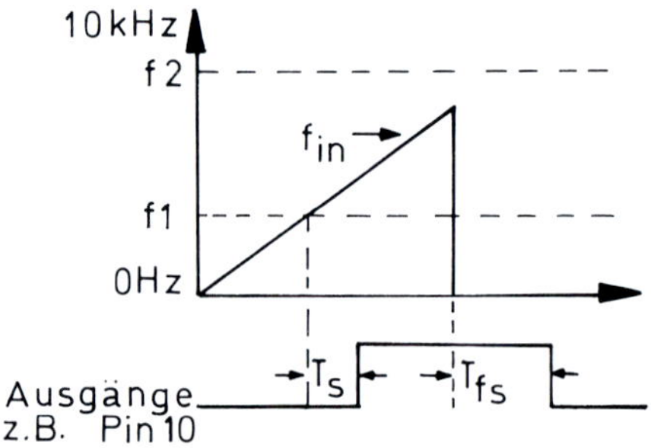

Bild 3: Frequenz-Erkennungs-Diagramm. Sobald ein Frequenzpunkt (z. B. f1) überschritten wird, schaltet der entsprechende Ausgang (anzugsverzögert) durch. Dieser Vorgang ist frequenzabhängig.

$T_s = \frac{8}{f_{in}}$ T_s in sec.

T_s = Response Time; T_{fs} = Signal Failure Time
Sobald aber ein Frequenzpunkt z. B. f1 unterschritten wird, schaltet sich der entsprechende Ausgang (abfallverzögert) aus. Diese Zeitspanne T_{fs} kann mit Cx/Rx festgelegt werden: $T_{fs} = 0{,}6 \cdot Rx \cdot Cx$
R = in MΩ (0,1 M–0,5 MΩ); C = in µF (keine Beschränkung)

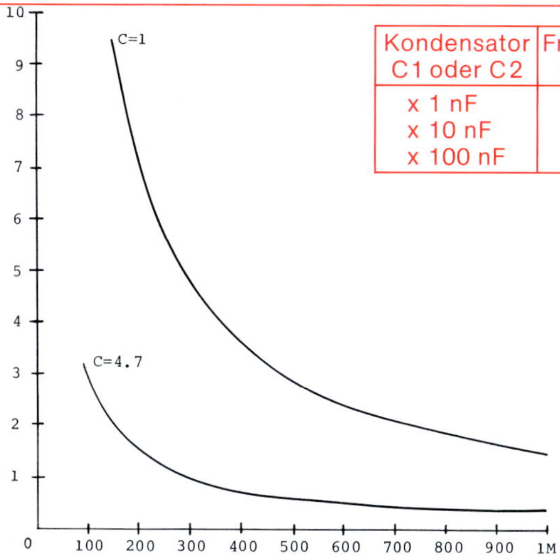

Kondensator C1 oder C2	Frequenz von f1 oder f2
x 1 nF	x kHz
x 10 nF	x 100 Hz
x 100 nF	x 10 Hz

Bild 4: Tabelle für die Berechnung der R 1/C 1 bzw. R2/C2-Werte (= f1/f2) des FX701P. Widerstand in kΩ für die Bestimmung von R1 oder R2.

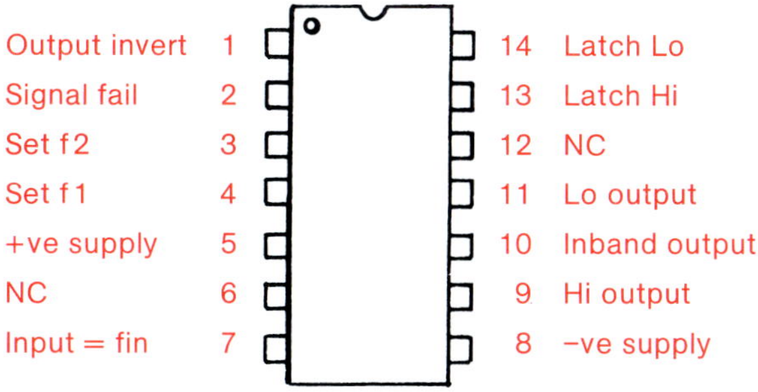

Bild 5: Anschlußbelegung des FX701P.

Flüssigkeits-Durchfluß-Überwachung

Der KDM-Impulsgeber mißt 1,5 Liter/Stunde bis 200 Liter/Stunde; der Ausgang liefert sinusförmige Wechselspannung und kann direkt über C_{in} an die Schaltung angeschlossen werden. Preis ca. 25,– DM. Bei Bestellung ausdrücklich einen „einzelnen KDM-Impulsgeber für Kraftstoffmessungen mit nur zwei Anschlüssen" verlangen! Bezugsquelle: Völkner-Elektronik, Marienberger Straße in D-3300 Braunschweig.

Bild 6: KDM-Impulsgeber. Die abgegebene Frequenz ist proportional zur Menge. Bei Viskosität ca. 1 bis 10 cST. Druck ca. 15 Bar. Temperatur maximal 120° C dauernd.

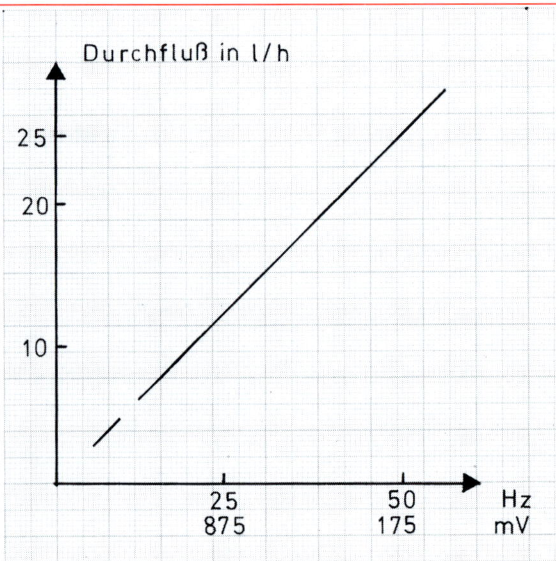

Bild 7: Typische Kennlinie einer Durchfluß-Meßturbine (KDM-Kraftstoffmesser).

Bild 8: Benzin-Durchflußmesser für den Auto-Board-Computer (= COMPU-CRUISE-FLOWSENSOR) mit Lichtschrankenprinzip für Impulsgebung. (Bezugsquelle: Autoreparaturwerkstätten, Preis ca. 100,– DM.)

Kfz-Geschwindigkeitsmessungen

Wenn man einen „VDO-Tachowellen-Frequenzgenerator" zwischen die Tachometer-Antriebswelle eines Kfzs einfügt, kann man die Geschwindigkeitsmessungen mit Hilfe der FX 701P-Schaltung durchführen. Bezugsquelle des „VDO-Frequenz-Generators 340.811/001/003": Firma VDO-Austria, Flachgasse 54, A-1150 Wien 15 (siehe Bild 7).

Bild 9: VDO-Tachowellen-Frequenzgenerator.

3fach-Diskotheken-Lichtorgel

Wenn man die Schaltung an den NF-Ausgang eines Radios, eines Tonbandgerätes oder eines Verstärkers, der mindestens 100 mV Output aufweist, anschließt, erhält man eine einfache Lichtorgel. Über die Relais RL 1/RL 2/RL 3 können farbige Poplichter, die bei verschiedenen Tonhöhen anders aufleuchten, gesteuert werden. Cx/Rx (= T_{fs}) klein wählen!

Umdrehungszahl-Messungen

Durch das Anschließen eines Reed-Kontaktes, der rhythmisch durch einen rotierenden Magneten geöffnet und geschlossen wird, kann man niedrige Umdrehungszahlen messen. – Auch über einen Optokoppler kann der Eingang dieser Schaltung – galvanisch getrennt – mit NF-Signalen versorgt werden.

Frequenzabhängige bzw. sprachgesteuerte Schaltautomatik

Durch das Anschließen eines selbstverstärkenden Elektret-Mikrofons (erhältlich bei Fa. Völkner-Elektronik in D-3300 Braunschweig, Postfach 53 20) an den Eingang des FX 701 P kann man einen durch Sprache gesteuerten Schalter aufbauen. Die Ausschaltverzögerung T_{fs} soll ca. 7–5 sec. betragen (siehe Formel: $T_{fs} = 0{,}6 \cdot Rx \cdot Cx$). Wenn der Eingangsstrom für den FX 701 P nicht groß genug ist, muß man einen einfachen Vorverstärker vorschalten.

Magnetfeldmessungen

Wenn man den magnetisch betätigbaren kontaktlosen Schalter SAS 221 S2 von Siemens an den Eingang der Schaltung anschließt, kann man Magnetfeldänderungen überwachen (siehe Bild 8).

Bild 10:
Magnetisch tätigbarer kontaktloser Schalter SAS221 S2 (Siemens).

Stückliste der Schaltung 11

R 1/R 2	100 kΩ/0,25 W
RV 1/RV 2	10 kΩ Einstellregler/0,25 W ... 1 MΩ Einstellregler/ 0,25 W, abhängig von f 1 oder f 2; siehe Berechnungsformel für f 1 und f 2.
R 3 bis R 5	10 kΩ/0,25 W
R 6 bis R 8	3,3 kΩ/0,25 W
R 9	1 kΩ/0,25 W
R_x	100 kΩ bis 500 kΩ/0,25 W, je nach Ausschalt-Verzögerungsdauer von T_{fs}; siehe Formel!
C 1/C 2	1 nF bis 100 nF/25 V; siehe Formel für f 1 bzw. f 2!
C_x	z. B. 1 µF/25 V; nach oben hin keine Beschränkung; siehe Formel für T_{fs}! Je nach Ausschalt-Verzögerungsdauer von T_{fs}!
C_{in}	220 nF/25 V
D 1 bis D 3	1N4004; 1N4007 o. ä.
D 4	1 grüne oder rote LED
T 1 bis T 3	2N1711 oder BC238 o. ä.
RL 1 bis RL 3	12-V-Relais/ca. 200 bis 300 Ω/1 bis 2 Umschalter
U 1/U 2	zwei Umschalter (nicht unbedingt erforderlich!)
IC 1	FX 701P von der Firma Globotronik, Barthgasse 7a in A-1030 Wien, oder von der Firma Ginsbury Electronic, Ahornstraße 10, 8012 Ottobrunn bei München.
Ferner	Leiterplatte, Lüsterklemmen, Gehäuse, 14-polige IC-Fassung

Schaltung 12

Einstellbare Wechselstromsicherung von 1 bis 10 Ampere und bis 250 V mit einstellbarer Ansprechzeit

Die Firma Siemens bietet in ihrem Programm auch magnetisch betätigbare elektronische Schalter an. Unter vielen anderen führt sie auch die Hallsonde vom Type SAS221S2. Wird dieser integrierte Schaltkreis einem Magnetfeld entsprechender Stärke und Polarität ausgesetzt, ändern die Ausgänge Q und $\overline{Q}$ ihr Ausgangspotential. Laut Siemens soll der entnommene Ausgangsstrom I_Q nicht größer als 30 mA sein. Mit Hilfe dieses Schaltkreises kann diese Schaltung verwirklicht werden: Bild 1 zeigt die Grundschaltung.

Auf den integrierten Schaltkreis IC 2 wirken zwei Magnetfelder ein. Die Spule Sp mit dem Eisenkern Ke erzeugt – je nach Stromdurchfluß – ein verschieden großes Magnetfeld, das auf das magnetempfindliche Zentrum des IC 2 einwirkt. Auf der anderen Seite des IC 2 wirkt ein Stabmagnet mit seinem Nordpol auf die Hallsonde ein. Dieser Dauermagnet M (Stabmagnet: ca. 1000 Gauß) dient zur Vormagnetisierung des IC 2, da seine Schaltempfindlichkeit relativ hoch liegt (0,065 Tesla = 650 Gauß; Ausschaltempfindlichkeit 0,005 Tesla = 50 Gauß) (siehe Bild 2). Durch das Verrücken des Stabmagneten (Entfernung vom IC 2 5 mm bis 10 mm) kann man die Ansprechempfindlichkeit dieser Wechselstromsicherung mit Hilfe des Amperemeters A festlegen. Niemals darf man den Magnet M direkt an den IC 2 anlegen und so fixieren, da dann die Schaltung zu stark vormagnetisiert ist und die Magnetwirkung der Spule Sp nicht mehr wirkt. Die Magnetfelder der Spule Sp und des Stabmagneten müssen ferner auf den Schnittpunkt der Diagonalen des IC 2 einwirken. Diese Stelle ist auf dem IC 2 durch einen Kreis mit etwa 2 mm Durchmesser gekennzeichnet.

Für die Anfertigung der Spule Sp benötigt man einen Eisennagel, der ca. 3 bis 4 mm dick und ca. 4 cm lang ist. Spitze und Köpfchen des Nagels entfernt man am besten mit einer Beißzange. Anschließend wickelt man mit einem 1 mm dicken Kupferlackdraht 60 bis 100 Windungen – in mehreren Lagen übereinander angeordnet – auf den Eisennagel. Wenn die Wechselstromsicherung für einen Bereich bis 5 Ampere verwendet werden soll, wird man ca. 100 Windungen wickeln. Soll die Sicherung bis zu einem Bereich von ca. 10 Ampere Verwendung finden, so wickelt man nur 60 Windungen auf den Eisennagel über eine Länge von ca. 3 cm. Die Feinabstimmung erfolgt ja in jedem Fall erst mit dem Stabmagneten. Wie man sieht, ist das Wickeln der Spule nicht sehr problematisch. Bewährt hat sich auch das Vergießen der letzten Spulenwindungen mit einem Zweikomponentenkleber, da sonst die Spule sich leicht von selbst abwickelt. Der Aufbau der Einheit auf der Leiterplatte (IC 2, M, Sp) muß allerdings sehr exakt erfolgen. Dabei ist es wichtig, daß der Spulenkern Ke genau auf das magnetempfindliche Zentrum des IC 2

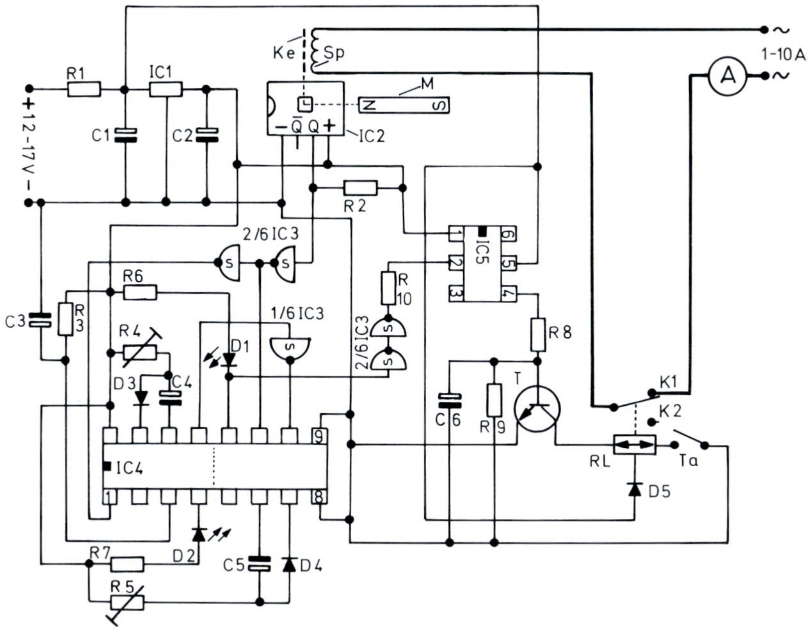

Bild 1: Wechselstromsicherung für Netzgeräte; einstellbarer Ansprechstrom 1 bis 10 A (bis 250 V); Ansprechzeit einstellbar.

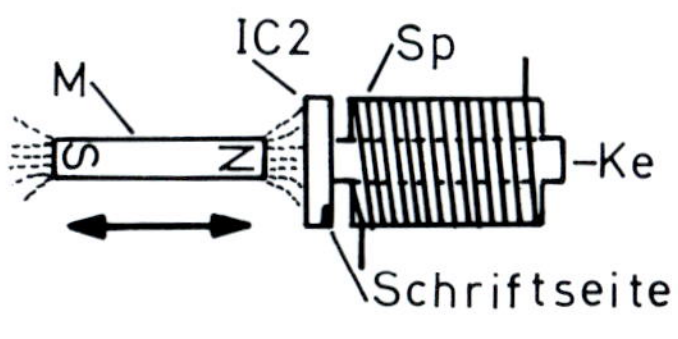

Bild 2: Anordnung des Stabmagneten M, des IC 2 und der Spule Sp. Durch das Verrücken vom Magneten (—) kann der IC 2 mehr oder weniger vormagnetisiert werden. Dadurch wird der Ansprechbereich der Wechselstromsicherung zwischen 1 und 10 Ampere festgelegt. (Ansicht von oben auf die Leiterplatte.)

zeigt und den IC 2 berührt. Am besten ist es, wenn man den Spulenkern Ke an den IC 2 anklebt (im Winkel von 90°). Schon wenige Millimeter Entfernung des Kerns Ke vom magnetempfindlichen Zentrum des IC 2 können den Ansprechstrom der Wechselstromsicherung wesentlich beeinflussen. Daher muß also die IC 2-Sp-Ke-Einheit fix verbunden sein. Kleben ist in diesem Fall die beste Lösung. Dies kann man auch, nachdem man die Schaltung ausprobiert hat, immer noch durchführen, für den Fall, daß man z. B. die Spule noch einmal nachträglich verändern will. Die Stromversorgung der Schaltung erfolgt über den 5-Volt-Regler IC 1. Das C 3/R 3-Glied setzt den IC 4 in den Ausgangszustand.

Wie funktioniert die Ansprechverzögerung der Wechselstromsicherung?

Der integrierte Schaltkreis IC 4 besteht aus zwei nicht nachtriggerbaren monostabilen Kippstufen. Sobald die Einschaltinduktion am IC 2 groß genug ist, kippt der Ausgang Q von H- auf L-Potential und triggert über die zwei Schmitt-Trigger-Inverter-Stufen des IC 3 den ersten monostabilen Multivibrator des IC 4 an. Die Lumineszenzdiode D 2 leuchtet auf. Die Aufleuchtdauer von D 2 kann mit Hilfe der Formel $t_{Q1(IC4)} = C4 \cdot R4 \cdot 0{,}7$ berechnet werden. Wenn nach dem Verstreichen dieser Zeit der Sicherungskreis (im Bild 1 fett eingezeichnet) immer noch überlastet ist, triggert Pin 13 über eine Schmitt-Trigger-Inverter-Stufe Pin 10 des IC 4 an, so daß die zweite monostabile Kippstufe des IC 4 getriggert wird ($t_{Q2(IC4)} = R5 \cdot C5 \cdot 0{,}7$). Über den Ausgang 12 des IC 4, zwei Inverterstufen, den Optokoppler IC 5 und über die Transistor-Verzögerungsstufe T wird nun das bistabile Relais RL zum Abfallen gebracht. Der Kontakt K 1 öffnet, und der Lastkreis zum Wechselstromverbraucher wird unterbrochen. Über die Tasta Ta kann man die Sicherung wieder einschalten.

Die Sicherung schaltet sich also nur ab, wenn die Überlastung länger als $t_{Q1(IC4)}$ dauert. Bei einer kürzeren Überlastung im Wechselstromkreis, die also kürzer als $t_{Q1(IC4)}$ ist, schaltet sich die Sicherung nicht ab, da in diesem Fall dann der Eingang 11 des IC 4 die Triggerung des zweiten monostabilen Multivibrators verhindert (Pin 11 liegt auf L-Potential). Das Relais RL fällt nicht ab. Dies ist wichtig, da beim Inbetriebnehmen immer Lastspitzen auftreten, die sonst sofort zum Abschalten veranlassen würden. Die Ansprechverzögerung ist mit dem Einstellregler wählbar ($t_{Q1(IC4)}$). Beim Ausprobieren der Schaltung stellt man die Einstellregler vorerst in die Mittelstellung und regelt sie dann erst später den jeweiligen Erfordernissen entsprechend. Der Stabmagnet wird gemäß dem Ansprechstrom der Sicherung näher oder weiter vom IC 2 entfernt montiert. Zur Probe kann man vorerst den Stabmagneten mit Hilfe eines doppelseitigen Klebebandes fixieren. – Nebenbei soll auch erwähnt werden, daß diese Schaltung auch als Gleichstromsicherung verwendet werden kann.

Bild 3: Wechsel- bzw. Gleichstromsicherung

Anschlüsse – $\overline{Q}$ Q +

Bild 4: Magnetempfindlicher kontaktloser Schaltkreis SAS221S2 von Siemens. Das Magnetfeld muß mit dem Südpol senkrecht auf die mit einer Kerbe und einem Kreis (o) gekennzeichnete Seite einwirken. Auf der Gegenseite muß das Magnetfeld senkrecht mit dem Nordpol einwirken.

Stückliste der Schaltung 12

R 1	10 Ω/5 W
R 2	290 Ω/0,5 W
R 3	2,2 kΩ/0,5 W
R 4/5	Einstellregler 50 kΩ/0,5 W
R 6/7	560 Ω/0,5 W
R 8	3,3 kΩ/0,5 W
R 9	10 kΩ/0,25 W
R 10	1,2 kΩ/0,5 W
C 1	500 μF/25 V
C 2	500 μ F/6 V bis 1000 μF/6 V
C 3/5	25 μF/6 V
C 4	33 μF/6 V
C 6	2,2 μF/6 V bis 4,7 μF/6 V
D 1/2	LD 57 (Siemens) oder ähnliche grüne LEDs
D 3/4/5	1N4002 oder 1N4007
IC 1	5-V-Spannungsregler z. B. 7805 CT
IC 2	SAS 221 S2 (Siemens)
IC 3	SN 7414 mit Fassung
IC 4	SN 74LS221
IC 5	Optokoppler TIL111 oder 4N25 (Siemens) mit Fassung
T	BC140 oder 2N1711
Ke	Spulenkern/ = Eisennagel 4 cm lang, ca. 3 bis 4 mm dick
Sp	Spule: Über den Spulenkern Ke gewickelt mit 1 mm dicken Kupferlackdraht in mehreren Reihen ca. 60 bis 100 Windungen
M	Stabmagnet 4 bis 5 cm lang, 0,5 cm breit, 0,5 cm hoch mit Nord-Süd-Polung an den Enden (wie im Schaltplan bzw. Bild); ca. 1000 Gauß
A	eventuell 1 Amperemeter für Wechselstrom (10 A) für die Eichung
Ta	Taster (Schließer)
RL	Siemens Kleinschaltrelais P (Siemens) V23017-G2012-A101 für 12 bis 20 V

Siemens-Bauteile sind unter anderem erhältlich beim Siemens-Bauteile-Service, Postfach 146, 8510 Fürth-Bislohe.

Schaltung 13

Elektronische Gleichstromsicherung für 1 bis 5 Ampere/10 bis 80 V – Ansprechverzögerung ca. 10 msec

Diese einfache Überstromsicherung kann nachträglich leicht in jedes Netzgerät eingebaut werden. Sie hat den großen Vorteil, daß sie nur aus 2 Bauelementen besteht: Ein Ampere-Reed-Relais und ein gepoltes Relais. Der Ansprechstrom für das Ampere-Reed-Relais wird durch die Spulenwindungen bestimmt. Der Reed-Kontakt besitzt eine Ansprechempfindlichkeit von ca. 30 Ampere-Windungen. Wenn man daher diese Gleichstromsicherung für einen Ansprechstrom von 2 Ampere auslegen will, so muß man auf den Reed-Kontakt RK 15 Windungen mit einem Kupferlackdraht (Durchmesser 1 mm) vorsichtig aufwickeln. Da alle Reed-Kontakte einen unterschiedlichen Ansprechpunkt besitzen, muß man ihn experimentell ermitteln. Dabei kann es vorkommen, daß die jeweiligen Windungen vermehrt oder vermindert werden müssen, so daß dann das Ampere-Reed-Relais (RK-S) bei Überschreitung des jeweiligen Stromdurchflusses (Ampere) anspricht.

Sobald man die Taste Ta betätigt, schließt sich der Relaiskontakt K, und das Netzgerät ist einsatzbereit. Solange nun der Ausgang nur wenig belastet wird, bleibt der Reed-Kontakt RK offen. Wenn aber das Netzgerät durch einen Kurzschluß oder durch einen Überstrom belastet wird, steigt die Induktivität in der Spule S so stark an, daß der Reed-Kontakt RK geschlossen wird. Das gepolte Relais RL bekommt einen Spannungsimpuls, der Relaiskontakt K öffnet den Stromkreis und bewahrt das Netzgerät vor Zerstörung. Sobald der Kurzschluß beseitigt ist, kann man die Taste Ta kurz betätigen. Dadurch ist dann das Netzgerät wieder betriebsbereit.

Um das einwandfreie Funktionieren dieser Überstromsicherung sicherzustellen, empfiehlt es sich, im Zweifelsfall immer das Relais RL mit den niedrigeren Ansprechspannungen zu verwenden. Wenn also am Kondensator z. B. 12 Volt liegen, so verwendet man besser das Kleinschaltrelais P V23017-F0020-A101, das an und für sich für eine Spannung von 5 bis 10 Volt ausgelegt ist. Dies kann man deshalb wählen, da z. B. bei einem Kurzschluß die Spannung im Netzgerät fast ganz zusammenbricht oder bei starker Belastung um einige Volt absinkt.

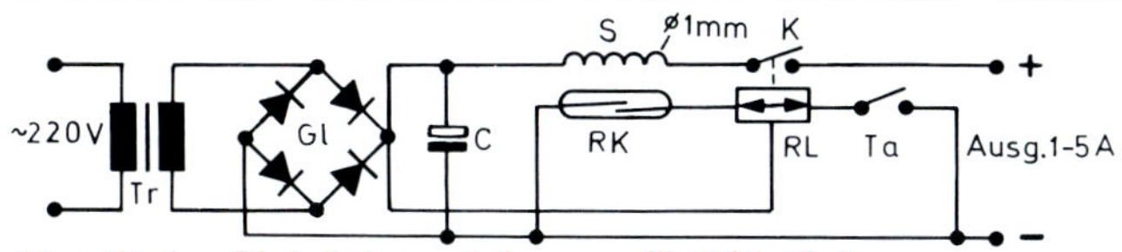

Bild 1: Elektronische Gleichstromsicherung für 1 bis 5 A. (Ansprechzeit ca. 10 ms.)

Anstelle des gepolten Kleinschaltrelais P (Siemens) kann man auch ein normales Kleinschaltrelais N verwenden. Allerdings muß man dann für dieses Relais eine Selbsthaltekontakt-Verdrahtung wählen.

Spule für Reed-Kontakt RK (MSRR-2 oder MRR-2)		
Auslösungsstrom in Ampere	Windungen	Kupferdraht-durchmesser in mm
1 A	ca. 30	1
2 A	ca. 15	1
3 A	ca. 10	1
4 A	ca. 7,5	1
5 A	ca. 6	1

Stückliste der Schaltung 13

Ta	Taster (Schließer)
Tr	Trafo 220 V/10 bis 50 V/ 1 bis 5 A
Gl	Gleichrichter B100C5000 (je nach Leistung)
C	1000 µF/16 bis 80 V
RK	Hamlin-Reed-Kontakt: MSRR-2 oder MRR-2 (0,5 A/10 W)
S	Spule für Reed-Kontakt (siehe Windungstabelle)
RL	Siemens-Kleinschaltrelais P (= gepolt)
	V 23017-F0020-A101 für 5 bis 10 V
	V 23017-F0012-A101 für 10 bis 20 V
	V 23017-F0017-A101 für 20 bis 40 V
	V 23017-F0023-A101 für 40 bis 80 V

Schaltung 14

Einstellbare, spannungsabhängige Wechselstromsicherung (3...220 V~/max. 3750 VA) oder einstellbare, spannungsabhängige Gleichstromsicherung (3...250 V/max. 120 W bis 30 V oder max. 50 W bis 250 V). Ansprechzeit ca. 10 ms.

Auch diese Schaltung eignet sich zu nachträglichem Einbau in ein vorhandenes Netzgerät, kann aber auch z. B. für Spielzeugeisenbahnen verwendet werden. Sobald ein Kurzschluß auftritt, schaltet sich die Stromversorgung innerhalb von 10 ms (Millisekunden) ab. Diese Sicherung kann – ohne Änderungen – sowohl für Gleichstrom- als auch für Wechselstromüberwachung herangezogen werden. Die Spannungsquelle wird an die Eingänge E1/E2 der Schaltung angeschlossen. Durch die spezielle Gleichrichteranwendung GL erhält die Reed-Kontakt-Spule Sp, wenn an den Ausgangsklemmen der Schaltung (A1/A2, A1/A2a) ein Verbraucher anliegt, Gleichspannungsimpulse zugeführt. Die Reed-Kontakt-Spule Sp wird nun gemäß dem Stromverbrauch des Verbrauchers erregt. Dies hängt von der Anzahl der stromdurchflossenen Spulenwindungen ab, die mit einem Stufenschalter S zu- bzw. abgeschaltet werden können. Steht der Schalter S auf Stellung 1, spricht die Sicherung erst bei großen Strömen an. Wenn der Stufenschalter auf Stellung 7 steht, ist die Sicherung am empfindlichsten eingestellt. Die Ansprechswellen, bei der die Sicherung auslösen soll, kann durch die Anzapfungen an der Spule Sp (Anzapfung nach der 2., 4., 6., 8., 10., 12., 14., 16., 18., 20. Windung) festgelegt werden. Die Spule wickelt man am besten mit einem ca. 1 mm dicken Kupferlackdraht direkt – in mehreren Lagen übereinander angeordnet – auf den Reed-Kontakt über seine ganze Länge. Dadurch entsteht ein Ampere-Reed-Relais, das praktisch nur auf die Stromstärke reagiert, aber spannungsunabhängig arbeitet.

Im Schaltplan (Bild 1) sind zwei Versionen für die Impulsverarbeitung des Reed-Kontaktes (RK) eingezeichnet: Die Version mit dem gepolten Relais (RL1) und die Selbsthaltekontakt-Version mit dem Relais RL2. Für welche Ausführung sich der Elektroniker entscheidet, soll jedem selbst überlassen werden. Es mag aber für einige Leser Schwierigkeiten bereiten, das gepolte Kleinschaltrelais P der Firma Siemens zu beschaffen. Außerdem kann man mit der RL2-Version noch größere Lasten, als in der Überschrift und im Bild 1 angegeben ist, überwachen. Die Betitelung der Schaltung bezieht sich also nur auf das gepolte Siemens-Kleinschaltrelais P. Wichtig ist auch, daß der Leser weiß, daß der Brückengleichrichter GL an die zu überwachende Spannung (an E1/E2) angepaßt sein muß und überdimensioniert werden soll, damit der Gleichrichter bei einem Kurzschluß nicht Schaden erleidet. Auch die Relaiskontakte müssen die Spannungs- bzw. Leistungsspitzen vertragen. Dies muß also bei der Wahl der Relais beachtet werden. Für die

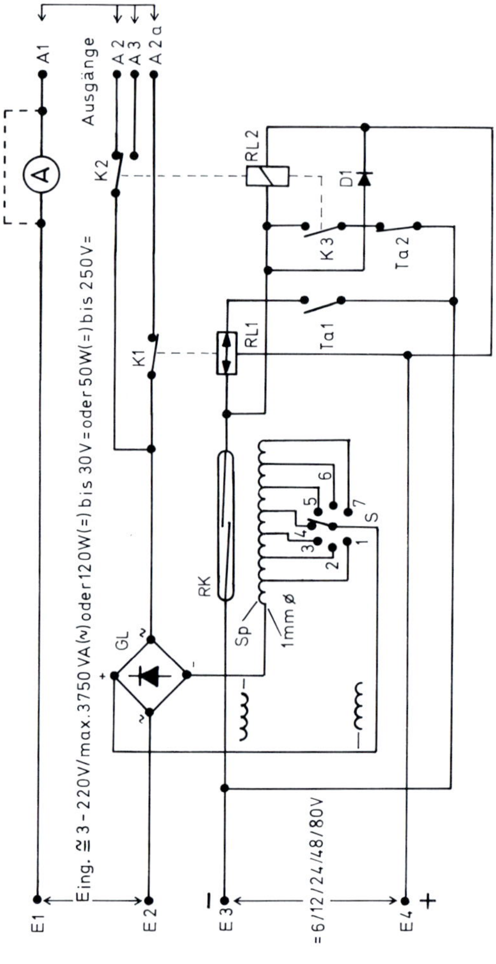

Bild 1: Einstellbare spannungsunabhängige Wechselstromsicherung (3 ... 220 V, max. 3750 VA) oder einstellbare spannungsunabhängige Gleichstromsicherung (3 ... 250 V, max. 120 W). Ansprechzeit bei Überlastung: ca. 10 ms. Diese Schaltung kann auch als einstellbare spannungsabhängige Wechsel- oder Gleichstrom-Unterstromsicherung mit der RL 2-Version verwendet werden (siehe Text).

Betriebsspannung der Relais RL1 oder RL2 sind die Eingänge E3/E4 vorgesehen. Die Spannung an E3/E4 muß auch der Relais-Betriebsspannung entsprechen. Wenn also an E3/E4 z.B. 12 V (Gleichstrom) anliegen, muß RL1 oder RL2 für 12-V-Betriebsspannung geeignet sein.

Funktion der Sicherung mit der RL1-Version

Sobald ein an den Ausgangsklemmen A1/A2a angeschlossener Stromverbraucher zuviel Strom aufnimmt, (Messung mit dem in Bild 1 eingezeichneten Amperemeter A), schließt sich der Reed-Kontakt RK, das gepolte Relais RL1 schaltet um, und der Relaiskontakt K2 öffnet sich. Der Stromverbraucher bekommt keinen Strom zugeführt. Durch einen Tastendruck auf den Schließer Ta1 kippt das Relais RL1 wieder in die Ausgangslage zurück, und die Sicherung ist wieder betriebsbereit.

Funktion der Schaltung mit der RL2-Selbsthaltekontaktversion K3

Sobald ein an den Ausgangsklemmen A1/A2a angeschlossener Stromverbraucher zuviel Strom aufnimmt (Messung mit dem im Bild 1 eingezeichneten Amperemeter A), schließt sich der Reed-Kontakt RK, das Relais RL2 wird erregt, Relaiskontakt K2 öffnet sich, und der Relais-RL2-Selbsthaltekontakt K3 schließt sich. Die Stromzufuhr zum Verbraucher wird unterbrochen. Ein Tastendruck auf den Taster Ta2 (Öffner) bringt die Sicherung wieder in die Ausgangsstellung zurück.

Funktion der Schaltung als Wechselstrom- bzw. Gleichstrom-Unterstromsicherung mit Hilfe des RL2

Durch eine kleine Änderung kann man diese Sicherung auch in eine Wechselstrom- bzw. Gleichstrom-Unterstromsicherung umwandeln. Zu diesem Zweck wird der Relaiskontakt K3 mit einer Drahtbrücke überbrückt und der Taster Ta2 gegen einen anderen Taster (Schließer) ausgetauscht. Wenn man nun die Unterstromsicherung in Betrieb nehmen will, muß man zuerst einen Verbraucher an die Ausgangsklemmen A1/A3 anschließen. Nun drückt man auf den ausgewechselten Taster Ta2. Das Relais RL2 zieht an und fällt erst dann wieder ab, wenn die Reed-Relais-Spule Sp untererregt ist und der Reed-Kontakt RK sich öffnet. Die Ansprechschwelle der Unterstromsicherung kann wieder mit S bestimmt werden. Durch einen Tastendruck auf den ausgetauschten Ta 2 bringt man die Unterstromsicherung wieder in die Ausgangsstellung. Abschließend sei noch darauf hingewiesen, daß sich diese Schaltung besser als Gleichstrom-Unterstromsicherung eignet.

Sp Spule für Reed-Kontakt RK (SRR-2, SRT-2)		
Auslösungsstrom in Ampere	Windungen	Kupferdraht-durchmesser in mm
1 A	ca. 80	1
2 A	ca. 40	1
3 A	ca. 26	1
4 A	ca. 20	1
5 A	ca. 16	1

Stückliste der Schaltung 14

D 1 1N4007
GL max. B380/C40000 (oder je nach Leistung der Sicherung), auf einen ausreichend großen Kühlkörper montiert!
RK Hamlin-Reed-Kontakt: SRR-2 (Kontaktbelastbarkeit 15 W oder 400 V oder 1 A); SRT-2 (Kontaktbelastbarkeit 250 V oder 3 A oder 110 VA); weitere Reed-Kontakte siehe Tabelle der Firma Hamlin. Grundsätzlich kann jeder Reed-Kontakt verwendet werden, der eine Kontaktbelastbarkeit von ca. 100 V oder 1 A oder eine Kontaktleistung von ca. 5 W aufweist.
Sp Spule für Reed-Kontakt (siehe Windungstabelle); Kupferlackdraht-Durchmesser ca. 1 mm oder mehr (je nach Leistung)
S PREH-Hochleistungs-Stufenschalter, Kontaktbelastbarkeit max. 15 A/300 W; nicht unbedingt erforderlich, wenn die Sicherung nur einen Ansprechwert aufweisen soll!
Ta 1 Taster (Schließer) 0,5 A/80 V
Ta 2 Taster (Öffner) 0,5 A/80 V
RL 1 je nach der Betriebsspannung an den Eingängen E 3/E 4
Siemens-Kleinschaltrelais P (= gepolt)
V 23017-F0020-A101 für 5 bis 10 V
V 23017-F0012-A101 für 10 bis 20 V
V 23017-F0017-A101 für 20 bis 40 V
V 23017-F0023-A101 für 40 bis 80 V

RL 2 Selbsthaltekontaktausführung, falls kein Siemens-Kleinschaltrelais P (= gepolt) zur Verfügung steht, sonst nicht erforderlich! Mit dieser Ausführung können allerdings noch größere Schaltleistungen der Sicherung überwacht werden, als sie bei der Beschreibung bei Bild 1 angegeben ist! Am besten wählt man für diesen Zweck ein Leistungsrelais der Firma Schrack in A-1121 Wien, Pottendorferstr. 25–27 (= Hersteller); Schrack-Relais sind aber auch bei der „Elektrovertriebs-Gesellschaft" in D-6 Frankfurt a. Main-Ost, Salzschilferstr. 21, erhältlich. In der Schweiz werden Schrack-Relais von der Firma Metronic A.G. in CH-8051 Zürich, Dübendorferstr. 333, vertrieben.

Schrack-Leistungsrelais für 6, 12, 24, 48, 60 V = 2 Umschalter mit 2(3) x 15 VA (10 VA) bzw. 2(3) x 380 V ~					
				Bestellnummer	
Stromart: Gleichstrom	Nenn-spannung V	Spulen-widerstand $\Omega \pm 10\,\%$	Nenn-strom mA	Typ in Steck-ausführung	Typ mit Befesti-gungslasche
2 Umschalte-kontakte	6 =	32	188	RM 202006	RM 203006
	12	110	109	RM 202012	RM 203012
	24	475	50	RM 202024	RM 203024
	48	2000	24	RM 202048	RM 203048
	60	2850	21	RM 202060	RM 203060

Schaltung 15

Weltneuheit: Irrtumsichere Antiterror Infrarot Ein- und Ausgehlichtschranke: Reichweite maximal 10 m

10 Jahre Entwicklungszeit erforderte die Konstruktion und Erprobung dieser äußerst komplizierten Schaltung, die gleichzeitig eine **Weltneuheit** ist. Nur durch den Einsatz neuester Bauteile konnte das Problem gelöst werden, Personen oder Gegenstände zu registrieren, die hinein- oder herausgegangen sind. Sämtliche Pendelbewegungen innerhalb der Lichtschranken werden durch raffinierte logische IC-Verknüpfungen eliminiert. Da die Schaltung mit Infrarot-Strahlen arbeitet, kann sie von Personen nicht registriert werden.

Die gesamte Schaltung besteht aus zwei Bausteinen, einem Infrarotsender und einem Infrarotempfänger mit angeschlossener digitaler Signalaufbereitung. Der Aufbau der Schaltung in MOS-Technik sichert die größtmögliche Betriebssicherheit. Die Reichweite der Schaltung beträgt maximal 10 m. Da diese IR-Schranke über ein vollelektronisches Abstimmsystem verfügt, muß lediglich ein Einstellregler, der die Frequenz des Senders bestimmt, abgeglichen werden.

Infrarotsender für die Ein- und Ausgehlichtschranke mit 2 Sendedioden (Bilder 1–4)

Die Wechselspannung der Sekundärseite des Netztrafos Tr wird durch den Brückengleichrichter GL in Gleichspannung verwandelt, anschließend durch C 1 geglättet, durch IC 1 (8 V-Spannungsregler) stabilisiert und danach durch C 2 nochmals geglättet. IC 2 ist als astabiler Multivibrator geschaltet, der Impulse mit einer Frequenz von

$$\frac{1{,}44}{(R\,1 + 2 \cdot (R\,2 + R\,3) \cdot C\,3} = \frac{1{,}44}{(2{,}2\ k\Omega + 2 \cdot (12{,}6\ k\Omega) \cdot 1{,}5\ nF} \approx 35\ kHz$$

erzeugt. Diese Impulse werden von dem Leistungstransistor T verstärkt und anschließend den in Serie liegenden Infrarotsendedioden (D 1, D 2) zugeführt, die in einem Sende-Pause-Takt Infrarotlicht abstrahlen. Die Taktzeiten lassen sich mit den folgenden Formeln berechnen:

t_1 (Infrarot-Sendezeit) $= 0{,}7 \cdot (R\,1 + R\,2 + R\,3) \cdot C\,3$
t_2 (Infrarot-Sendepause) $= 0{,}7 \cdot (R\,2 + R\,3) \cdot C\,3$

Für t_1 ergibt sich eine Infrarot-Sendezeit von rund 26 µs. Für t_2 ergibt sich eine Infrarot-Sendepause von etwa 13,2 µs. R 5 begrenzt die Leistung der Infrarot-Sendedioden D 1/2. Falls nur eine Infrarot-Sendediode verwendet wird, muß der Wert von R 5 um etwa 10 Ω auf rund 35 Ω erhöht werden. Dies kann durch Widerstandskombinationen erfolgen. D 3 kontrolliert die Funktion der Schaltung und bewirkt durch den Spannungsabfall von etwa 1,4 V in der Basisleitung von T das

einwandfreie Abschalten des Transistors während der Sendepausen. D 1/2 müssen unbedingt mit einem ausreichenden Kühlstern versehen werden, damit die IR-Sende-Dioden nicht durch Überwärmung Schaden erleiden (siehe Bild 1).
Der Abgleich des Einstellreglers R 3 kann erst in Kombination mit IR-Empfängern (Schaltung 15 a) erfolgen. Dieser Vorgang ist sehr einfach durchzuführen, so daß er gleich hier besprochen werden soll.

Abgleich der Sendefrequenz des IR-Senders (Einstellregler R 3)

Sobald der IR-Sender und der IR-Empfänger fertig sind, werden beide Platinen parallel – in einem Abstand von etwa 4–5 m – gegenüberstehend angeordnet und R 3 so lange langsam gedreht, bis die Kontrolldioden D 3 und D 4 des IR-Empfängers **gleichzeitig** aufleuchten. Beim Justieren von R 3 dürfen natürlich nicht zufällig die eine oder andere IR-Sende-Diode (D 1/2) abgedeckt werden! Dies erfordert daher ein wenig Geschicklichkeit!

Nebenbei soll hier auch gleich erwähnt werden, daß die IR-Sendedioden (SFH 401 und SFH 402) unterschiedliche IR-Öffnungswinkel (Abstrahlungswinkel) aufweisen. Die IR-Lunineszenzdiode SFH 401 strahlt den IR-Lichtstrahl sehr gebündelt ab und hat einen Öffnungswinkel von $\pm 15°$. Daher empfiehlt sich diese Diode für größere Lichtschrankendistanzen zu verwenden. Eventuell kann auch nur eine IR-Sendediode verwendet werden. Die IR-Sendediode SFH 402 strahlt den IR-Strahl in einem Winkel von $\pm 40°$ ab. Dadurch ist der IR-Lichtkegel wesentlich breiter, die Reichweite der IR-Strahlung geringer als bei der IR-Diode SFH 401. SFH 402 eignet sich daher besser für kürzere Lichtschranken. Ja es können sogar Sender und Empfänger nicht genau parallel, also schräg gegenüber angeordnet werden. Ebenso kann auch nur eine IR-Sendediode SFH 402 verwendet werden. Leistungsmäßig sind die IR-Lunineszenzdioden SFH 401 und SFH 402 gleich.

Mittels Plankovexlinsen (Li 1/2), deren Brennpunkt sich in Höhe des Gallium-Arsen-Kristalles der IR-Diode befindet, kann eine längere Lichtschranke realisiert werden, die einen überaus stark gebündelten IR-Lichtkegel aufweist. Plankonvexlinsen mit verschiedenen Dioptrien können bei Optikern erworben werden. Die Formel für die Dioptrien lautet:

$$\frac{100}{f} = D$$

D = Dioptrie
f = Abstand von Plankonvexfläche bis Brennpunkt in cm

Montage des Infrarotsenders in einem Gehäuse

Die Montage des Infrarotsenders erfolgt am besten in einem ausreichend großen Kunststoffgehäuse (6 x 13 x 5 cm), das mit einem Metalldeckel verschlossen werden kann. Dadurch wird ein Hitzestau bei Dauerbetrieb verhindert. Die Leiterplatte des IR-Senders kann mit Hilfe von vier M-3-Schrauben und -Muttern am Boden des Gehäuses befestigt werden. Damit das IR-Licht aus dem Gehäuse heraus abgestrahlt werden kann, muß man in den Deckel des Gehäuses zwei Löcher (Ø ca. 1–2 cm) in einem Abstand von 9,7 cm (= Distanz von D 1/D 2) über den Infrarot-Sendedioden bohren, so daß die IR-Impulse austreten können. Die Reichweite des IR-Senders kann durch die Verwendung von Plankonvexlinsen Li 1/2 wesentlich erhöht werden. In diesem Fall werden diese Linsen am besten in die Löcher des Metalldeckels gelegt und mit UHU-Plus angeklebt. Die Infrarot-Dioden müssen sich dann im Brennpunkt der IR-Sendedioden befinden; dadurch werden die Infrarotstrahlen parallel in einem Abstand von ca. 9 cm abgestrahlt. Das Gehäuse des IR-Senders kann gegenüber dem IR-Empfänger-Gehäuse montiert werden. Dies gilt nur für den Fall, daß mit dieser speziellen Doppellichtschranke nur kleine Distanzen überbrückt werden sollen (1–3 m). Falls größere Entfernungen mit dieser Lichtschranke kontrolliert werden sollen, muß die Montage des Lichtsenders nicht unbedingt genau gegenüber dem Empfänger erfolgen. Meistens genügt dann auch die Verwendung einer einzigen Infrarot-Sendediode, so daß man am besten nur ein Loch in den Gehäusedeckel bohrt, damit nur ein Infrarotbündel abgestrahlt werden kann. In diesem Fall kann auch auf eine Plankonvexlinse (z. B. Li 1) eventuell verzichtet werden und das Loch durch ein Plexiglasstück verschlossen werden.

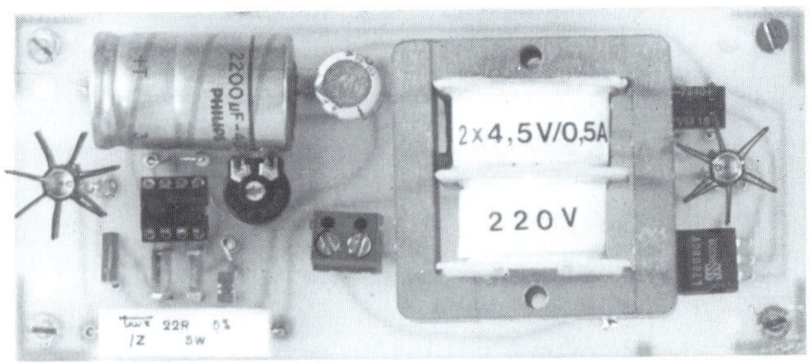

Bild 1: Fertiger Antiterror IR-Sender für die Ein- und Ausgehlichtschranke mit zwei Sendedioden. Sendefrequenz ca. 35 kHz. Reichweite ca. 10 Meter.

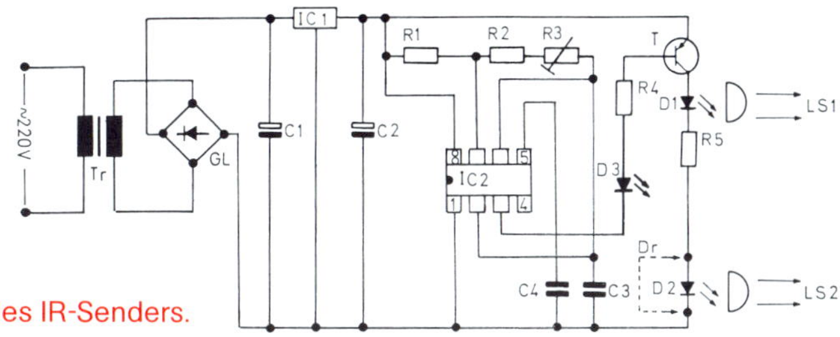

Bild 2:
Schaltplan des IR-Senders.

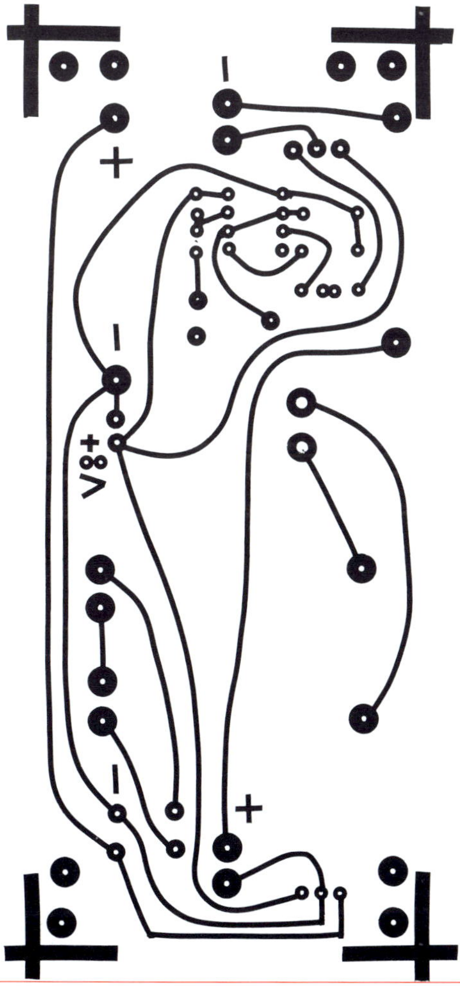

Bild 3:
Leiterplatte für den IR-Sender.
(Von dieser Seite auf die Leiterbahnen gesehen.)
(Maßstab 1:1)

Bild 4:
Bestückungsplan für den IR-Sender. (Ansicht der Bestückungsseite.) Der IR-Sender kann wahlweise mit einer oder mit zwei IR-Dioden (D 1 und D 2) betrieben werden. Wenn die IR-Lichtschranke zwischen IR-Sender und IR-Empfänger kurz (1–3 m) ist, empfiehlt sich die Verwendung von einer IR-Sendediode (D 1 oder D 2). Eine IR-Sendediode muß dann abgedeckt werden. Die Montage des IR-Senders soll dann so in vertikaler Lage erfolgen, daß beide IR-Fotodioden des IR-Empfängers beleuchtet sind.
Wenn die IR-Lichtschranken lang (10 m) sind, muß die Montage des IR-Senders in horizontaler Lage – unter Verwendung beider IR-Sendedioden (D 1 und D 2) – erfolgen.

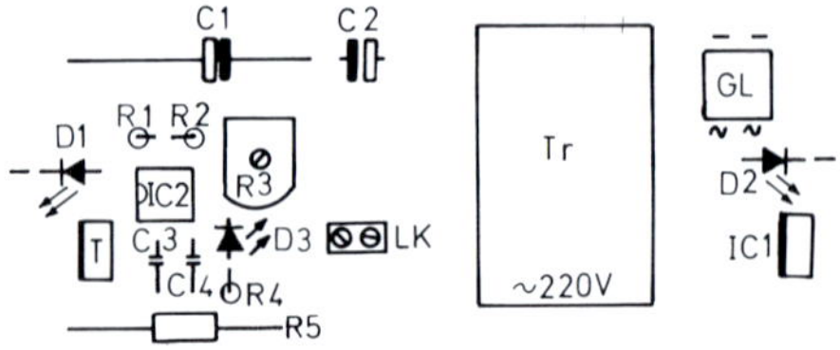

Die Verwendung von D 1 und D 2, sowie die Montage von Plankonvexlinsen vergrößert die Reichweite der Lichtschranken. Über die Verwendung von SFH 401 und SFH 402 siehe Text.
Falls keine Kühlsterne für D 1/D 2 verwendet werden, kann die Montage der IR-Lunineszenzdioden auch in ein Metall-Einbaugehäuse für Leuchtdioden mit Innenreflektor (Ø 5 mm) in den Plastikgehäusedeckel erfolgen.

Stückliste der Schaltung 15
Infrarotsender für die Zweistrahl-Lichtschranke (Bild 2)

R 1	2,2 kΩ/0,25 W
R 2	10 kΩ/0,25 W
R 3	Einstellregler 10 kΩ – 25 kΩ/0,25 W
R 4	330 Ω/0,5 W
R 5	22 Ω/5 W/5 %
C 1	2200 µF/40 V/liegender Elko
C 2	100 µF/25 V/stehender Elko
C 3	1,5 nF
C 4	10 nF
D 1/2	SFH 401 oder SFH 402 (Infrarot-Sende-Diode der Firma Siemens mit Kühlstern)
D 3	Rote, rechteckige LED
T	BD 434 (Firma Siemens)
IC 1	7808 (8 V-Spannungsregler)
IC 2	NE 555 oder LM 555 mit Fassung
GL	B 125/C 1000 (Polung beachten!)
Tr	Trafo M 42/220 V/2 x 4,5 V/4 VA
LK	Print-Lüsterklemme für Netzanschluß
Li 1/2	Plankonvexlinsen: Ø ca. 2 cm, Brennweite ca. 2–3 cm
Ferner:	Einseitig kupferkaschierte Leiterplatte 12 x 5 cm, Plastik-Einbaugehäuse, UHU-Plus für Fixation der Plankonvexlinsen

Schaltung 15 a

Weltneuheit: Antiterror Infrarot Ein- und Ausgehlichtschranke (Bild 5 bis 9): Empfänger mit digitaler Signalaufbereitung, Betriebsfrequenz 35 kHz

Als Autor bzw. Erfinder dieser höchst raffinierten Schaltung freue ich mich, daß es mir nach Investition mehrerer tausend Schilling gelungen ist, diese Antiterror-IR-Empfängeranlage Ihnen vorzustellen, nachdem es bisher keiner Firma gelungen ist, ein derartiges Gerät auf den Markt zu bringen. Diese Schaltung ist eine **Weltneuheit** und kann in vielen Bereichen eingesetzt werden: In Wohnungen, Büros oder in Wochenendhäusern schützt diese Doppellichtschranke vor Einbrechern, indem sie sich nähernde oder sich entfernende Personen oder Gegenstände registriert. Die Mindestbreite der Personen muß mindestens 9 cm aufweisen. Das Pendeln, das Umdrehen bzw. das Stehenbleiben zwischen den IR-Lichtschranken führt nicht zu Fehlinformationen wie bei anderen Doppellichtschranken. Die IR-Lichtschranke funktioniert in beiden Richtungen. Dadurch ist der Verwendungszweck vielseitig: In einem Türrahmen montiert, gibt diese Anlage Aufschluß, wieviele Personen sich gerade in einem Gebäude bzw. in einem Büro aufhalten. In jedem Geschäft kann diese Schaltung Verwendung finden: Jeder kommende Kunde wird z. B. akustisch – über ein nachgeschaltetes Endlos-Tonband(-Gerät) – begrüßt und jeder fortgehende Kunde wird vollautomatisch verabschiedet.

Auch in öffentlichen Parkgaragen kann man ein vorzeitiges Schließen des Tores verhindern, da jederzeit die Anzahl der parkenden Autos vorliegt. Auch in Tunnels kann diese Schaltung als „Tunnelüberlastungsschutz" verwendet werden. Auf öffentlichen Toilettenanlagen („Pissoirs") betätigt diese Schaltung erst die Wasserspülung nach einer programmierbaren Besucheranzahl und hilft somit Wasser sparen. In Wartezimmern kann diese Anlage Aufschluß darüber geben, wieviele Patienten noch nicht behandelt worden sind.

Auch bei Miniatur-Eisenbahnen können mit dieser Schaltung Zug-Zusammenstöße verhindert werden. Auch bei Durchgehkabinen oder Bad-Umkleidekabinen kann diese Anlage eingesetzt werden. Selbstöffnende Türen in Hotels oder in Büros lassen sich ebenfalls über diese IR-Doppellichtschranke steuern. Wenn man mehrere Geräte dieser Art in einem Warenhaus montiert, kann man bei Tag den Weg bzw. die Frequenz von Kunden in einzelnen Abteilungen registrieren und bei Nacht den Weg des Warenhaus-Nachtwächters genau überwachen und gleichzeitig über eine angeschlossene Datenbank die Uhrzeit vollautomatisch registrieren. Außerdem könnte man so den Weg eines Einbrechers in einem Warenhaus perfekt (z. B. auf einem Bildschirm) verfolgen, demnach handeln und vollautomatisch der Polizei Mitteilung machen. Über die digitalen Ausgänge der Schaltung können beliebig viele andere elektronische Geräte angeschlossen werden, so daß noch viele weitere Anwendungsbereiche möglich werden. So läßt sich z. B. auch Raumbeleuchtung beim Betreten oder beim Verlassen eines Raumes vollautomatisch ein- und ausschalten.

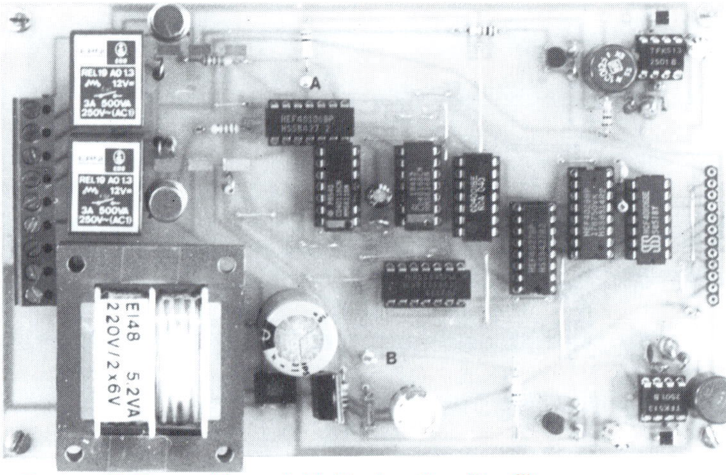

Bild 5: Fertiger IR-Ein- und Ausgeh-Lichtschranken-Empfänger (Teil 1–3).

Wirkungsweise des Antiterror-Infrarot-Ein- und Ausgehlichtschranken-Empfängers

Die gesamte Antiterror-Ein- und Ausgehlichtschranke besteht aus drei Teilen (Teil 1 bis 3). Teil 1 (Bild 6) umfaßt die Empfängerschaltungen für die beiden IR-Lichtschranken. Teil 2 (Bild 7) betrifft die digitale Datenverarbeitung und ist über die Anschlüsse A/B mit Teil 1 verbunden. Teil 3 (ebenfalls Bild 7) gibt den Schaltplan des erforderlichen Netzgerätes der gesamten Schaltung (Teile 1 und 2) wieder. Da der Aufbau der Schaltung sehr präzise erfolgen muß, wurde ein Print-Schaltplan und ein Print-Bestückungsplan (Bild 8 und 9) beigefügt. Das exakte Funktionieren ist nur gewährleistet, wenn die Printplatte exakt angefertigt wird. Das erfordert eben Zeit!

Teil 1 besteht aus zwei einander gleichenden Empfängerschaltungen, jeweils für eine Lichtschranke. IC 1/2 ist speziell für IR-Signalübertragung konstruiert. Die IR-Dioden D 1/2 empfangen die IR-Impulse beider Lichtschranken. IC 1/2 weist eine hohe Empfindlichkeit, Verstärkung und eine extern beeinflußbare Bandcharakteristik (C 5–C 8, R 3–6) auf und verfügt auch über ein übersteuerungsfestes Verstärkersystem. Sobald auf die IR-Empfangsdioden D 1/D 2 IR-Impulse auftreffen, werden diese gesiebt, verstärkt und getriggert über Pin 4 des IC 1/2 über R 11/12 weitergegeben, gleichgültig, ob sich der IR-Sender in einer Distanz von 1 m oder 10 m der Empfängerschaltung befindet. Sobald also IR-Impulse auf D 1/2 auftreffen, schaltet T 1/2 durch und die Kontrolldioden D 3/4 leuchten auf.

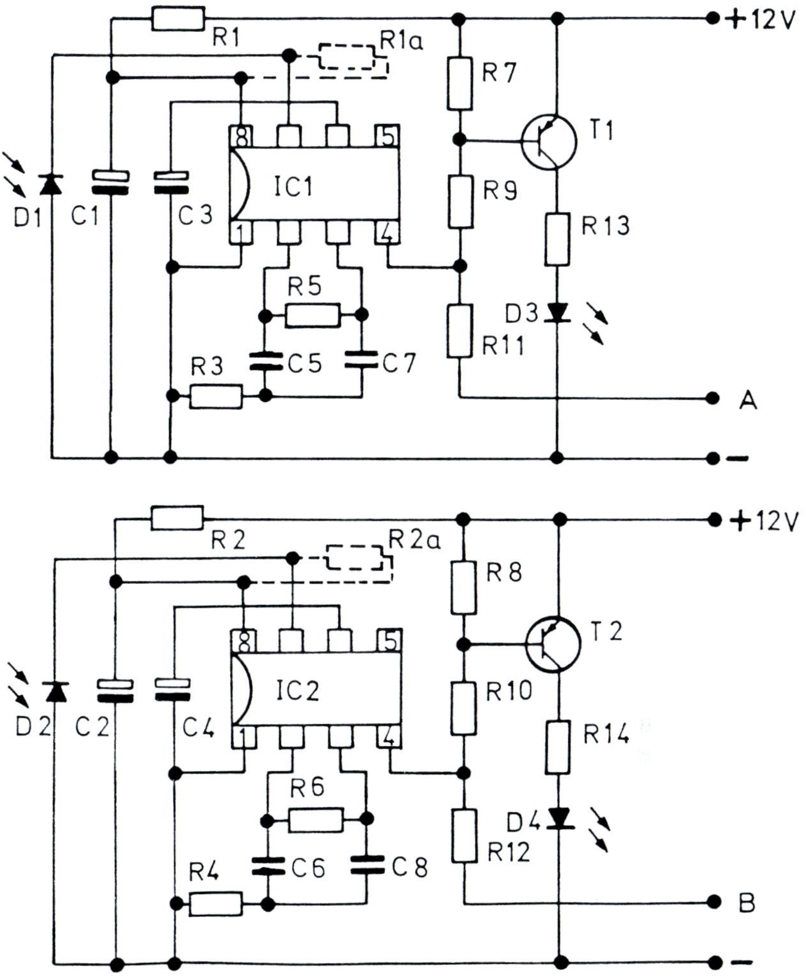

Bild 6: Antiterror Ein- und Ausgeh-Lichtschranken-Empfängerschaltung für ca. 35 kHz (Teil 1).

Dieser Vorgang ist bei der Montage der IR-Schranke wichtig. Die Werte von R 3–R 6/C 5–C 8 müssen sehr genau gewählt werden (2 % Bauteiltoleranz!), damit bei der Justierung der Lichtschranke beide LEDs gleichzeitig aufleuchten, oder anders gesagt, damit beide Lichtschrankenverstärker IC 1 und IC 2 auf die gleiche Frequenz ansprechen. Sobald also IR-Licht auf D 1/2 auftrifft, ändert sich das Signal an den Verbindungsanschlüssen A/B (2. Teil der Empfängerschaltung).

Sobald man den IR-Empfänger einschaltet, gelangt über C 9 (Bild 7) ein negativer Impuls zu dem RS-Flip-Flop des IC 10, dieses kippt, so daß die Eingänge E 2/3 des IC 4 L-Potential erhalten und die Ausgänge Z 2/3 des IC 4 gesperrt werden. Dadurch kann bei Inbetriebnahme der Schaltung, wenn noch keine Person eine Lichtschranke mindestens einmal passiert hat, weder RL 1 noch RL 2 anziehen und eine Fehlinformation liefern. Erst wenn jemand beide Lichtschranken passiert hat, kippt das RS-Flip-Flop des IC 10 um, die Eingänge E 2/3 des IC 6 bekommen H-Potential zugeführt, und die Wegstrecke Y 2–Z 2/Y 3–Z 3 wird durchgeschaltet. RL 1 und die zugehörige LED D 7 bzw. RL 2 und die dazugehörige LED D 8 zeigen an, in welcher Richtung die IR-Schranken zuletzt durchschritten bzw. passiert worden sind. Es kann also nur immer eines der beiden Relais anziehen. Die Ausgänge V/$\overline{V}$ bzw. W/$\overline{W}$ geben jedesmal einen äußerst kurzen Impuls ab, wenn eine Person beide Lichtschranken ordnungsgemäß passiert hat. Über diese Anschlüsse kann man elektronische Zählwerke anschließen, die getrennt hineingehende und hinausgehende Personen registrieren. In diesem Fall leuchtet dann äußerst kurz (für das menschliche Auge nicht wahrnehmbar!) die jeweilige LED D 5 oder D 6 auf. Die Anschlüsse X/$\overline{X}$ geben jedesmal einen kurzen Impuls ab, wenn eine Person – gleichgültig in welcher Richtung – ordnungsgemäß beide Lichtschranken durchschritten hat. Über die Ausgänge R/$\overline{R}$ können elektronische Zählwerke beim Einschalten der Schaltung auf „Null" gesetzt werden. Damit die digital gespeicherten Zustände nach dem ordnungsgemäßen Durchschreiten wieder gelöscht werden, muß bei der Wahl des IC 7 eine „langsame Bausteintype" gewählt werden, da es sonst passieren könnte, daß die verarbeiteten Informationen nicht rechtzeitig weitergegeben werden können. Die vier in Serie geschalteten Inverter des IC 7 dienen als Verzögerungskette, deren Verzögerungszeit noch zusätzlich durch das Verzögerungsglied R 16/C 10 vergrößert werden kann. Die Bausteine R 16/C 10 kann man unter Umständen nur dann in die Schaltung einlöten, wenn z. B. Zählwerke an die Ausgänge angeschlossen werden. In diesem Fall muß man die Printbrücke auf der Leiterplatte durchtrennen, da sonst R 16 unwirksam ist. Jedesmal wenn die IR-Empfängerschaltung sich auf Warteposition bzw. in Ausgangsstellung begibt (das ist unmittelbar nach dem Passieren der Lichtschranken der Fall), wird unmittelbar vorher über die Ausgänge S/$\overline{S}$ ein kurzer Impuls abgegeben.

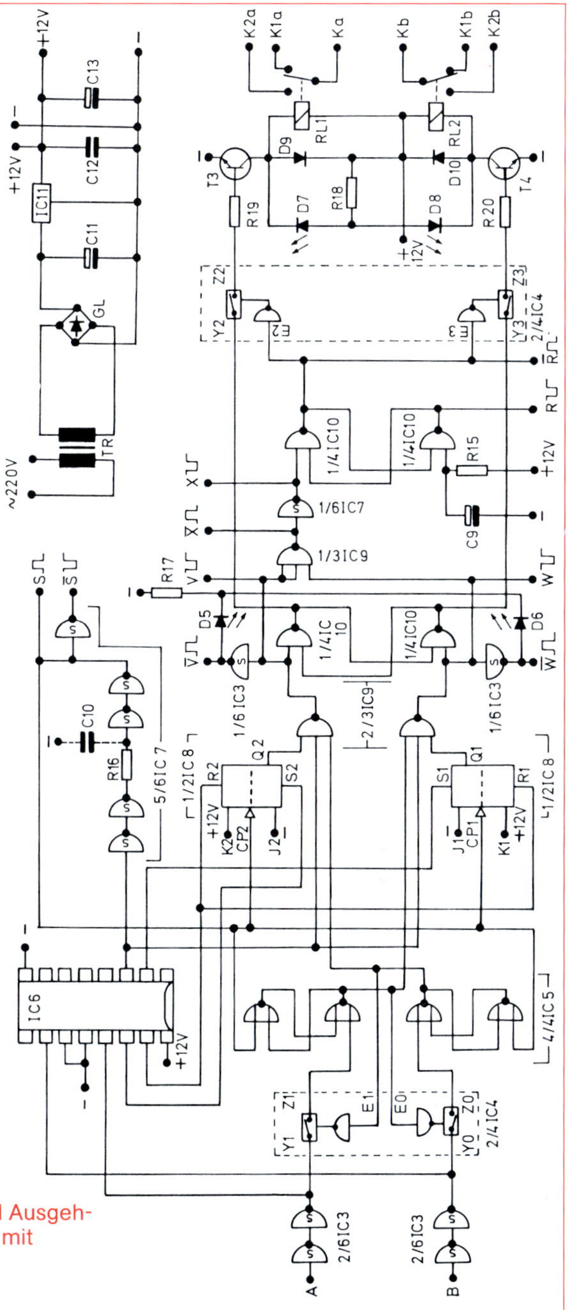

Bild 7: Antiterror IR-Ein- und Ausgeh-
Lichtschranken-Empfänger mit
Datenverarbeitung (Teil 2)
und mit Netzgerät (Teil 3).

Bestückung der Print-Leiterplatte des gesamten Antiterror-IR-Ein- und Ausgehlichtschranken-Empfängers (Teil 1 bis 3), Bilder 5 und 9

Nach der Herstellung der Print-Leiterplatte muß eine genaue Kontrolle aller Leiterbahnen mit Hilfe eines Meßgerätes erfolgen, damit später nach der Bestükkung keine Mißerfolge auftreten!

Am besten ist es, wenn man die Drahtbrücken DB zuerst einlötet. Danach steckt man alle IC-Sockel in die vorgebohrten Löcher und befestigt auch diese mit Lötzinn. Anschließend werden alle Kleinbauteile (Werte kontrollieren!) „verdrahtet". Zuletzt folgen die Relais RL 1/RL 2 und der Trafo. Nun ist die Schaltung fertig. Aber jetzt erfolgt der schwierigste Teil der Arbeit: Nämlich das Einsetzen der MOS-IC. Dabei ist besonders auf die Einsatzrichtung bzw. Position der einzelnen IC zu achten!

Die Anschlußstifte von D 1/2 können durch ca. 2 cm lange Drähte so verlängert werden, daß die IR-Sensoren höher zu liegen kommen. Die Reichweite der Empfängerschaltung kann noch zusätzlich durch das Vorschalten kleiner Sammellinsen vergrößert werden, so wie es beim IR-Sender beschrieben wurde.

Der erste Test der Antiterror-IR-Ein- und Ausgehlichtschranke

Wenn der IR-Sender und der IR-Empfänger in ein ausreichend großes Gehäuse eingebaut worden sind, schließt man die Schaltung an die Netzspannung an. Zum Test ordnet man die Gehäuse (ohne Gehäusedeckel) in einem Abstand von ca. 4–5 m einander gegenüber an. Beide Schaltungen sollen sich parallel gegenüberstehen und ungefähr in gleicher Höhe befinden, so daß die IR-Lichtstrahlen auf die IR-Dioden D 1/2 der Empfängerschaltung auftreffen. Nun muß man den Einstellregler des IR-Senders so lange verändern, bis die Kontrolldioden D 3/4 des IR-Empfängers gleichzeitig aufleuchten. Leuchtet nur eine der beiden Dioden (D 3 oder D 4) abwechselnd auf, so muß der Fehler in der IR-Empfängerschaltung (Teil 1) liegen. In diesem Fall müssen nochmals alle Werte genau überprüft werden und die Polungen kontolliert werden. Auch auf kalte Lötstellen ist zu achten! Wenn jedoch die Schaltung exakt aufgebaut worden ist, leuchten die Kontrolldioden D 3/4 nach Justierung von R 3 gleichzeitig auf. Sobald also die Schaltung einwandfrei funktioniert, beginnt man mit dem Passieren beider Lichtschranken. Sobald dies erfolgt ist, muß unverzüglich das Relais RL 1 oder das Relais RL 2, je nachdem aus welcher Richtung man gekommen ist, anziehen und so lange angezogen bleiben, bis die IR-Lichtschranken von der anderen Richtung her unterbrochen bzw. durchschritten worden sind. Nun muß das andere Relais anziehen und angezogen bleiben. Ausdrücklich soll darauf hingewiesen werden, daß beide Relais nach dem Einschalten der Empfängerschaltung für einige Sekunden gesperrt sind. Dies bewirkt der Kondensa-

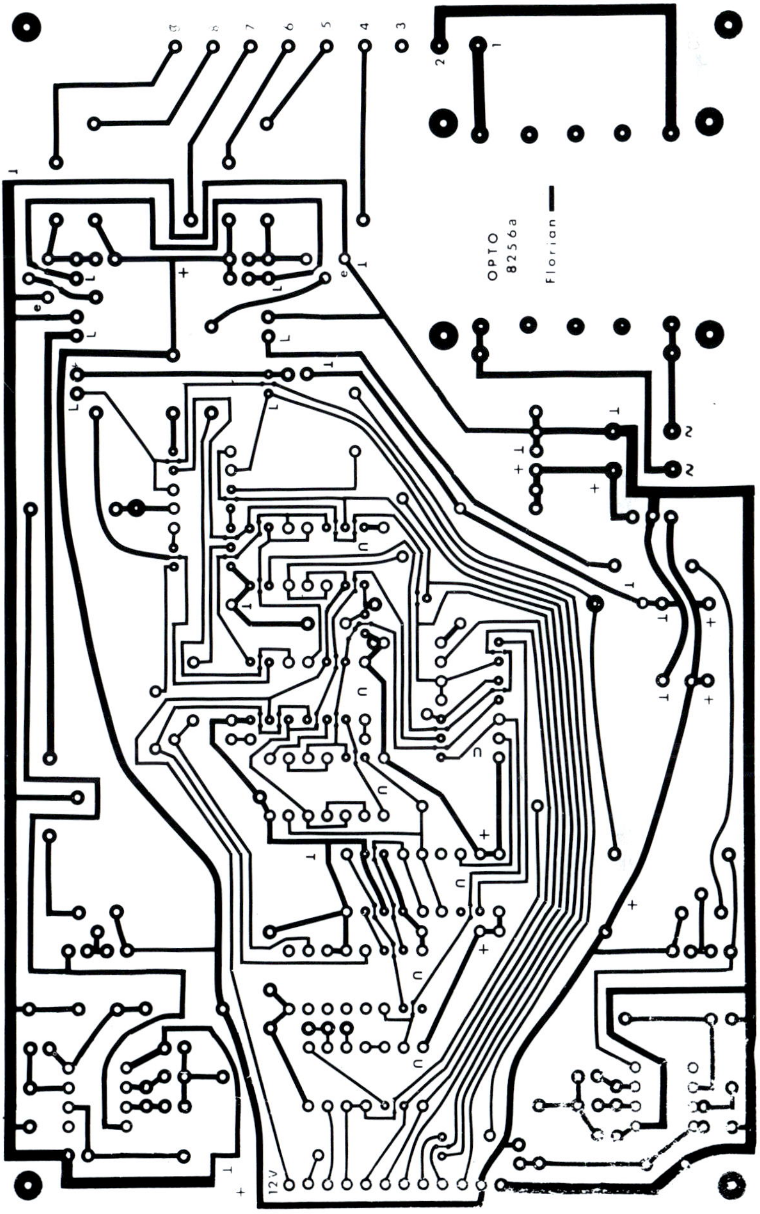

Bild 8: Leiterplatte des IR-Ein- und Ausgeh-Lichtschranken-Empfängers (Teil 1–3) (Leiterplatte 10 x 16 cm).

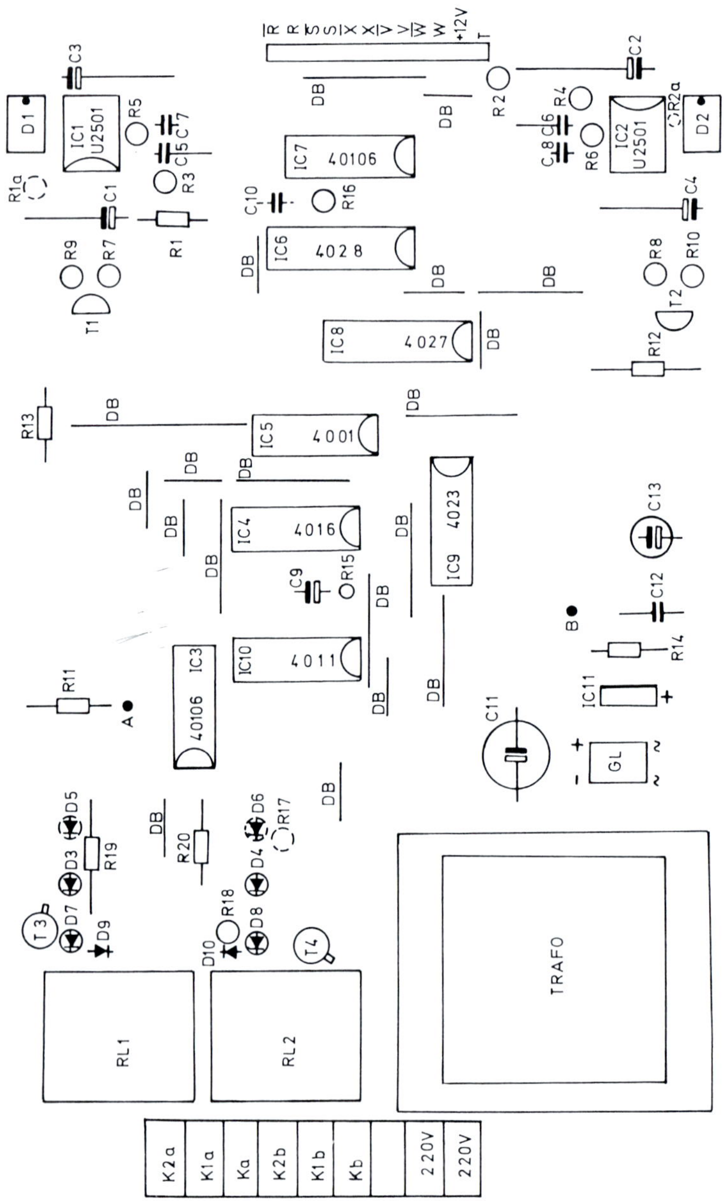

Bild 9: Bestückungsplan der Leiterplatte des gesamten Antiterror IR-Ein- und Ausgeh-Lichtschranken-Empfängers mit digitaler Datenaufbereitung und Netzgerät (Teil 1–3). Ansicht von der Bestückungsseite.

tor C 9. Er kann im betreffenden Fall auch verkleinert werden. R 16 und C 10 müssen für den Test ebenfalls nicht in die Schaltung eingelötet werden. Wenn nach dem Durchschreiten der IR-Lichtschranken die Relais nicht ansprechen, so kann man versuchshalber für C 10 einen Kondensator von 10 nF und für R 16 einen Widerstand mit 100 kΩ einlöten, muß aber die Print-Leitung bei R 16 unterbrechen.
Sollte dann die Schaltung noch immer nicht funktionieren, so könnte ein IC falsch in die Schaltung eingefügt sein oder eine Diode falsch gepolt sein. Meistens ist dann dieser IC kaputt und muß durch einen neuen ersetzt werden.

Nun muß niemand mehr vor Einbrechern zittern! Ja, man kann sogar mit dieser Antiterror-Lichtschranke Frau, Kind und allenfalls auch den Hund in der Hundehütte überwachen.

Stückliste der Schaltung 15 a
Antiterror-Infrarot-Zweistrahl-Lichtschranken-Empfänger mit Netzgerät (Bilder 6 und 7)

R 1/2/13/14/17/18	1 kΩ/0,25 W
R 1 a/2 a	500 kΩ/0,25 W – 2,5 MΩ/0,25 W (siehe Text!)
R 3/4	1 kΩ/1 %/0,25 W
R 5/6	150 kΩ/1 %/0,25 W
R 7/8/9/10	22 kΩ/0,25 W
R 11/12/15/(16)	100 kΩ/0,25 W
R 19/20	2,2 kΩ/0,25 W
C 1/2	100 µF/16 V/stehender Elko
C 3/4	10 µF/16 V/stehender Elko
C 5/6	1,5 nF/2 %/ 16 V
C 7/8	82 pF/2 %/16 V
C 9	10 µF – 33 µF/16 V/stehender Elko
(C 10)	10 µF/16 V/stehender Elko (siehe Text!)
C 11	2200 µF/35 V/stehender Elko
C 12	100 nF/16 V
C 13	100 µF/16 V
T 1/2	BC 307 oder BC 557 (pnp-Kleinleistungstransistor)
T 3/4	2 N 1711
IC 1/2	U 2501 B (AEG-Telefunken), Bezugsquelle siehe unten!
IC 3	HEF 40106 mit Fassung
IC 4	CD 4016 mit Fassung
IC 5	CD 4001 mit Fassung
IC 6	CD 4028 mit Fassung
IC 7	CD 40106 mit Fassung
IC 8	CD 4027 mit Fassung

IC 9	CD 4023 mit Fassung
IC 10	CD 4011 mit Fassung
IC 11	7812/12 V-Fixpannungsregler
RL 1/2	Relais für 12 V/1 Umschalter (z. B. der Firma Erni; Rel 19 AO 1.3)
D 1/2	BPW 34 oder BPW 43 (AEG-Telefunken)
D 3/5/7	rote, rechteckige LED
D 4/6/8	grüne, rechteckige LED
D 9/10	1 N 4007
GL	Print-Brückengleichrichter B 125/ C 1000 D (Polung beachten!)
TR	Print-Trafo EI 48/220 V/2 x 6 V/5,2 VA
Ferner:	Leiterplatte 10 x 16 cm, einseitig kupferkaschiert, 9polige Print-Lüsterklemme, 12polige Print-Steckerleiste, Plastik-Einbaugehäuse, Silberdraht für Drahtbrücken

Wichtige Bezugsanschriften für das IC U 2501 B und BPW 34

Hersteller:	AEG-Telefunken, Postfach 1109, D-7100 Heilbronn
Distributor:	Firma Schuricht, Richtweg 30, D-2800 Bremen 1
	MBS, Benzstraße 1, D-8011 Kirchheim b. München
	Firma Reinhold, Lindenau 7, D-4174 Issum 1
	Telefunken, Herziggasse 9, A-1232 Wien
	W. Moor AG, Bahnstraße 58, CH-8105 Regensdorf/Zürich

Wichtiger Hinweis:

Die fertigen Leiterplatten des IR-Senders und des IR-Empfängers sind über Fa. A. Welz, **gegen Vorkasse** (IR-Sender-Platine DM 40,–/IR-Empfänger-Platine DM 50,–), Schrödingerstraße 8, in A-8020 Graz, erhältlich.
Beim Kauf der einzelnen Bauteile wählen Sie bitte **nur** erstklassige Qualität! Halten Sie sich strikt an die Werte, die in der Stückliste angegeben sind, schließen Sie keine Kompromisse und kaufen Sie ja keine Sonderangebote (ICs!)! Denn jede Schaltung ist nur so **„stark“** wie ihr schwächstes Bauteil! Nur so können Sie Mißerfolgen vorbeugen!

Schlußwort

Als Autor dieses Buches wollte ich mit diesem Buch dem Leser viele neue elektronische Schaltungen vorstellen und Denkanstöße geben, wie man sich mit einfachen Mitteln vor Terror schützen kann. Es würde mich sehr freuen, auch von meinem Leserkreis auf neueste Entwicklungen dieser Art hingewiesen zu werden. Zuschriften richten Sie bitte an den Verlag. Ergänzend soll noch gesagt werden, daß sich in der Zollfreizone des Frankfurter Airports ein Geschäft befindet, das fertige Geräte für Spionage und Antiterror vertreibt, die dort jedermann erwerben kann. Auch ein ausführlicher Katalog mit dem Titel „DISCREET SURVEILLANCE" kann dort in deutscher Sprache erworben werden. Diese Prospektmappe dürfte so manchen Leser sehr interessieren. Allerdings sind die angepriesenen Waren nicht gerade billig. Abschließend die Anschrift dieses Geschäftes:

Horst Hiller GmbH & Co. KG WESTERN GERMANY
Flughafen Frankfurt Terminal Mitte, P.O. Box 111
D-6000 Frankfurt/Main 75
Tel.: 069/6904400

Als Autor dieses Buches bin ich für Verbesserungsvorschläge stets dankbar. Diesbezügliche Zuschriften richten Sie bitte an den Verlag, der die Post an mich weiterleitet.

Bezugsquellennachweis:

Fa. Dietrich SCHURICHT
Richtweg 30, Bremen 1, Tel. 06/0421/36540

Fa. Radio-RIM-Electronic
Schillerstr. 23a, 8000 München 1, Tel. 06/089/592129

Fa. Genshofer-Promitzer Elektronik
Brunnenfeldstr. 1, A-8055 Graz, Tel. 0316/291236

Fa. Laborex
Stunerstr. 1-3, A-1020 Wien, Tel. 92/9823992

Fa. VDO-Austria
Flachgasse 54, A-1150 Wien 15, Tel. 92/9825986

Fa. Hamlin Electronics-GesmbH
Friedbergerstr. 124, D-6368 Bad Vilbel bei Frankfurt am Main, Tel. 06/06101/7029

Fa. Ginsbury
Moosfeld 85 (München), D-8012 Ottobrunn, Tel. 06/089/45170

Notizen

Notizen

Notizen

Notizen

Notizen

Notizen

Notizen

Notizen

Notizen